人はなぜ勉強するのか

千秋の人　吉田松陰

岩橋文吉
iwahashi bunkichi

モラロジー道徳教育財団

まえがき

人はなぜ勉強するのでしょうか。また、なぜ勉強しなくてはならないと考えるのでしょうか。そして、あなた自身はどう考えていますか。誰にとっても極《きわ》めて切実《せつじつ》なこの問題を、あなたと共にじっくり考えてみたいと願っているのがこの本です。

まず、科学の勉強について考えてみましょう。理科の勉強で問題を解《と》くために実験をしている生徒に対して、傍《かたわ》らから言葉でその答えを教えてしまうのはなんの意味もありません。なぜなら、その生徒が実験している事《じ》象《しょう》をよく観察して、その客観的な構造を見て取り、そこに働いている原理を突き止めない限り、どうして答えがそうなのかがわからないから、傍らから答えを言ってやることは意味がないのです。だから科学の世界では、事象を実際にじっくり見て考えるという方法を重んずるのです。

ところが、その生徒のお母さんが交通事故に遭《あ》って病院に運び込まれたということは、誰かが傍らから言ってやらねばならないのです。これは出来事の世界のことです。出来事の世界は歴史の世界です。歴史の世界とは人の生命が生きて働く実人生そのもので、そこでは「聞く」ということが重大な意味を持ちます。

というのは、お母さんが交通事故に遭って、病院に運び込まれたと聞いたら、それを信じて病院に駆《か》けつけるか、疑って何もしないかの態度決定を迫られ、その態度決定によってその生徒とお母さんの運命が決まるからです。

だから「聞く」ということは、その人の実人生における運命を賭《か》けた行動の選択を迫られることである、と言わねばなりません。そして、人はその行動の選択に対して、なぜそうするのか、その理由を問うことになります。その問いは自らの心の内面に向かって問うことになりますから、「聞く」ということは自らの魂《たましい》の奥底の声を聞くことにもなるのです。ですから、「人はなぜ勉強するのか」という問いに対する答えを考えようとするにあたって、この本によってじっくりと「聞く」ことをしてほしいと願っています。

聞いてほしい声が二つあります。

一つは、あなたの内なる天性《てんせい》の声、つまり天から授《さず》かったかけがえのない尊いあなた独特の持ち味、それが何であるかじっくり聞いてほしいのです。

もう一つは、自分の天性を少年時代から青年時代にかけて一〇〇パーセント発揮して、わが国の歴史的大変革である明治維新の先駆《さきが》けとなり、終《つい》に千秋《せんしゅう》の人（千年の歴史に名を残す人）となった吉田松陰《よしだしょういん》の生涯と、その心血を注いだ勉学の実態をじっくり聞いてほしいのです。

この二つの声、すなわち、あなたの内なる天性の声と不朽《ふきゅう》の人吉田松陰の声をじっくり聞いて、「人はなぜ勉強するのか」との基本的な問いに対するあなた自身の答えを見いだしてくださることを心から願います。

平成十七年五月

岩橋　文吉

凡例

一、吉田松陰についての文献は左記によりました。
『吉田松陰全集』全十二巻（普及版、山口県教育会編、岩波書店〈昭和十三年～十五年発行〉）

一、引用に際しては、原則として旧漢字は常用漢字に、旧仮名は現代仮名に改めましたが、一部、旧漢字、旧仮名を残したところもあります。

一、引用文の出典の表示は、（全集⑨四七、書簡）のように表しました。これは普及版『吉田松陰全集』第九巻四七ページ書簡篇を示します。

一、引用文ごとに［　］の中に訳文を掲げました。ただし、本文中にある筆者の訳文は、文末に〈訳〉と記しました。

一、引用文はもとより、本文においても読みにくい漢字にはふりがなをつけました。

一、松陰の年齢は満年齢で示しました。したがって在来の文献の数え年とは一歳の違いがあります。

目次

装丁 山田英春

第一章　人生をデザインする

一、どんな夢を持っていますか

あなたにお尋《たず》ねしたいことがあります。それは、あなたは今どんな夢を持っているか、ということです。胸に手を当ててよく考えてみてください。もし夢がないのなら、人はなんのために学校に行ったり、本を読んだりして勉強するのでしょうか。夢があるからこそ、その夢を実現したいためにいろいろなことを勉強するのではないでしょうか。あなたは全世界に一人しかいないのです。そのたった一人しかいないあなたが、あなた自身のためにぜひ実現したい願望、それがあなたの夢ですね。ですから、その夢を実現して自己実現の喜びを味わうとき、あなたは生きがいを感じたり嬉《うれ》しいと思うのではないでしょうか。

いま、自己実現の喜びと言いましたが、そのことについてあなたに信じてほしいことがあります。それは、あなたには他の人にはない独特の尊い持ち味が与えられている、ということです。全世界にたった一人しかいないあなたに、神様は誰にもないあなただけの尊い持ち味を与えてくださっている、ということです。尊いというのは優《すぐ》れているということとは違います。他人と比較して優れているとか劣っているとかの優劣の比較を超えて、それ自体がかけがえのない尊さなのです。このようなかけがえのない尊い持ち味を見つけ出して、それを一〇〇パーセント発揮して自己実現の喜びを味わう人生、それが幸福な人生ではないでしょうか。

夢を成《な》し遂《と》げて生きがいある幸福な人生を送るためには、まず自分に授かっているかけがえのない独特の尊い持ち味が、実際になんなのかを見つけ出さねばなりません。ということは、自分はいったい何者なのか、自分の正体は何かを問う「自分探し」をすることになります。

二、自分探し――私の持ち味・卓越性

昔の話ですが、「狐《きつね》つき」という迷信にとりつかれた人がいて、「自分は人間の姿をしているが自分のほんとうの正体は狐である」と思い込んでいたそうです。あなたはそんな迷信にとりつかれていないでしょうから、自分はちゃんとした人間であると思っていることでしょう。

それでは、あなたはどんな人間なのですか。どんな性質で、得意なことはなんですか。自分の持ち味を発揮するにはどのような趣味や職業がよいと考えますか。このように尋ねられると、これは進路の問題ではないかとお考えになることでしょう。まさにそうなのです。進路の問題の根底には、自分はいったい何者なのかと問う「自分探し」があるのです。そして、青少年期には誰でもこ

の「自分探し」の問題で思い悩むものなのです。

しかし、この問題は必ずしも青少年に限ったことではありません。中高年層の人にとっても生きがいのある生活をしようとすれば、自分の趣味や関心がどこにあるのか、自分は何を願い、何を求めているのかなどを見定める「自分探し」をしなければなりません。しかもその「自分探し」は青少年であろうと中高年者であろうと、本人にとっては根本問題ですから、その解決を他人任《まか》せにするわけにはいかず、自分自身で納得のいく答えを見つけ出さねばなりません。これは誰にとっても避けて通れない道で、どうしても自分自身で取り組まねばならないものなのです。

では、どのようにして「自分探し」に取り組んだらよいのでしょう。それには、今まで述べてきたように、自分には天から授かったかけがえのない尊い独特の持ち味があると信じて、その持ち味を見つけ出すことから始めるしかありません。そのためには、もしあなたが青少年ならば学校で習う国語、数学、社会、理科をはじめ芸術、体育、総合学習などに至る各教科目に、全力を挙げて取り組んで自分を試してみることが大切です。そうすることによって、自分の得意な分野、あるいは好きな分野がどこにあるのかがわかってきます。というのは、各教科目の中身は人類文化の各分野そのものですから、取り組んでみると得意な分野、好きな分野、つまり持ち味に適合する分野がどこにあるかがわかってくるからです。

例えば、「私は数学も嫌いではないが勉強していて楽しくない。ところが、文学作品を読んでいると楽しくてわれを忘れる。どうも私は文学方面に向いているように思う」とか、「私は理科の実験で試験管の中身の変化を観察していると、時間のたつのも忘れる。私の持ち味は理科系ではないか」、あるいは音楽や芸術方面、また体育や料理というように、各教科目に全力でぶつかって勉強して自分を試してみることによって、自分のかけがえのない持ち味がどこにあるのかがわかってくるのです。ここで大切なのは、わかるためには全力でぶつかるということです。中途半端なぶつかり方では中途半端にしかわからないからです。

このようにして青少年期は「自分探し」の大切な時期となりますが、前述したとおり、「自分探し」の重要性は中高年層の人たちにとっても変わりません。生きがいを求めてどんな趣味に生き、どんな文化サークルやボランティア活動に参加するのか、定年後の第二の人生をどう生きるのかなど、充実した生きがいのある人生を送ろうとすれば、世界にたった一人しかいない自分の根源的な持ち味を見定める「自分探し」を切実に迫られることになります。

「自分探し」によって自分の持ち味にふさわしい分野がどこにあるかがわかったなら、次は、その分野がなんであろうともその分野の自分の持ち味を、卓越《たくえつ》した状態にまで高めるように努力することです。この努力は、その分野が自分の好きで得意な分野なのですから、努力すること自体がその人の生きがいとなり喜びとなるはずです。そして努力の結果、その持ち味を卓越した状態にまで高めることができたら、それがどんな分野であろうとも、平等に人間として尊敬に値する立派《りっぱ》な価値を持つことになるのです。

これが、すべての人が各自その持ち味を発揮して、人類文化の各分野においてそれぞれ卓越した状態にまで、自己を高めて自己実現を成し遂げるという、民主社会の卓越性の理想なのです。そして、この卓越性の追求こそ、「自分探し」の問題の正答《せいとう》であり、生きがいある幸福な人生への道であると言えるのではないでしょうか。それとともに、なんのために人はその青少年期において学校で各教科目の勉強をするのか、その意義も納得できることでしょう。

三、集団の中の自分——社会性の発達

「自分探し」には、実はもう一つ別の道があります。それは、他人との社会的関係の中で「自分探し」をする道です。

二十ページの図は家族間の人間関係を表したものです。子供が一人の場合の人間関係は三通りです。子供が二人の場合は六通り、子供三人は十通り、子供四人では十五通り、子供五人になると二十一通りという豊かな人間関係の中で育つことになります。戦前の家族はだいたい子供が五人程度でしたが、現在では子供が一人か二人の家族が多くなりましたので、その場合について考えてみましょう。家族は人の生存の基本的な集団ですが、それは同時に「自分探し」の基礎的な人間関係の場なのです。

家族の人間関係

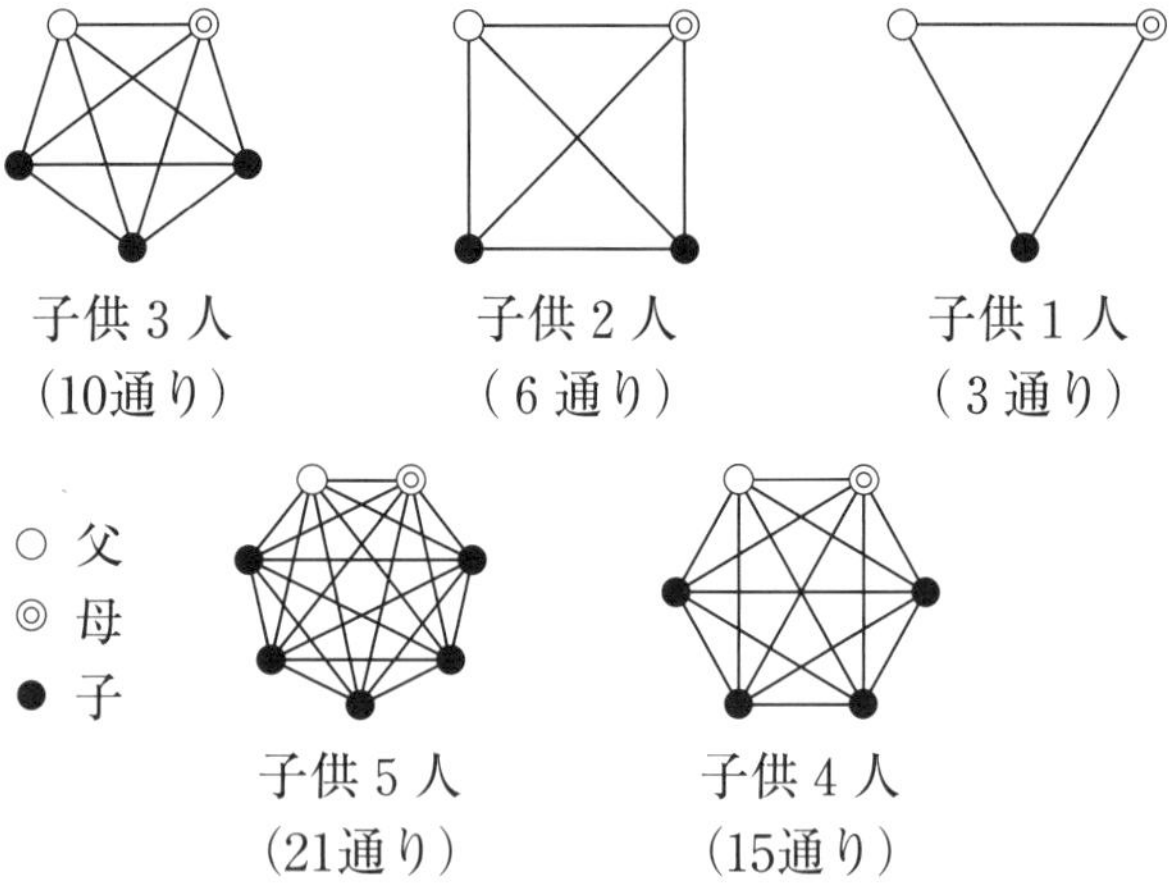

まず図によって、子供の数の少ない場合の人間関係の貧弱さを見てください。貧弱な人間関係の中で育てば社会性の発達が遅れることは否《いな》めません。一人っ子や二人っ子は絶対に駄目《だめ》だと言っているのではありません。一人っ子や二人っ子で立派な人格を身に付けた人はたくさんいます。それは、親が適切に突き放して子の自律心を養い、社会性を身に付けさせたからです。

ところが、そのような適切な配慮が欠けると、ともすれば過保護になって社会性の発達が阻害《そがい》されるおそれがあります。親に自分の欲求を聞いてもらえるから独《ひと》りよがりの自己中心的な人間に育ち、他人への思いやりに欠け、他人の意見を聞き入れないから、他人との付き合いがうまくいかない悩みが生じます。自分の思うようにならない他人と付き合うのが面倒《めんどう》になって、独りでテレビゲームなどの遊びにふけるようになると、ますます社会性の発達が遅れます。この状態では他人との人間関係の中で自分を位置付けることが困難ですから、人間関係の中で自分は何者なのかを探究する「自分探し」もまた困難になります。

四、話し合いと役割取得――自己訓練

社会性の発達の遅れに対処し、その発達を促《うなが》す道はいろいろありますが、注

目すべきものが二つあります。一つは、家族や学校のホーム・ルームなどの基礎的集団における話し合い活動で、もう一つは、集団の中でなんらかの役割を取得する係（委員）活動です。

基礎的集団における話し合い活動に参加することによって、自分の考えや気持ちが他人と同じか異なるか、自分の主張が受容されるか拒否されるかがわかり、独りよがりの自己中心的な考えでは通用しないこと、集団の共通の目的達成のためには意見をまとめて協力体制をつくらねばならないこと、などを思い知らされるとともに、自分はその集団にどう位置付けられているのか、帰属《きぞく》意識を強めているのか、疎外《そがい》意識を深めているのか、自分自身の考えや気持ちを集団との関係において整理して、切実に「自分探し」の自己訓練をすることになります。

この自己訓練は、特に家庭生活の中で日常的に行われることが大切です。親子、兄弟姉妹の間に自然に円滑《えんかつ》なコミュニケーションが成り立ち、そのコミュニケーションの場を通して日常的に訓練されることがよいのです。家族の間のこの訓練の成否は、その人の人間的成長に大きな影響を与えることになります。

もう一つの係（委員）活動というのは、一人ひとりがなんらかの係（委員）になって、民主的集団の一員としての役割を取得することを言います。幼稚園児でも何かの係を務めることがあります。やりたい係を希望してその係になるのですが、なってみるとやりたくない日もあります。しかし、係になったからには、今日はやりたくないからやらないというわけにはまいりません。

例えば、朝顔《あさがお》に水をやる係なら、今日はやりたくないからやらないでは、朝顔は枯れてしまって、みんなで朝顔の成長を観察し、花を楽しむという集団全体の幸せが壊れてしまいます。ですから、いったん係になったら本人がやりたかろうがやりたくなかろうが、やらなければならないことはやらなければならない、という厳粛《げんしゅく》な世界が成り立っているわけです。

このような考え方に対して別の考え方があります。それは、民主主義社会においては本人の自由な自主性を尊重すべきであって、「やりたければおやりなさい。いやならやめていいですよ」という原則が守られるべきであるとする考え方です。これは、私的生活《プライベート》と公的役割の混同からくる間違った考え方です。私的生活においては、やりたければやり、いやならやめてよいわけで、個人の自由な裁量《さいりょう》に任せられるべきです。

しかし、どのような社会や集団でも、その社会や集団が成り立つためにはさまざまな公的な役割がなくてはならないので、民主的なルールに従った手続きで成員がその役割を担当することになります。民主的な手続きによって役割を取得したからには、その社会や集団の全体としての「公《おおやけ》なるもの」に対して、その役割を果たす厳粛な責任があるわけです。係になるということには、このような意義があるのです。

つまり、大なり小なり、「公なるもの」のために厳粛な責任を負っているのですから、やりたくないというような個人的な気分しだいでやめられるようなものではないのです。そして、民主社会の成員一人ひとりがこのような厳粛な自覚に立って、おのおのなんらかの役割を取得し任務を果たすことによって、そこに理想の民主社会が実現するのではないでしょうか。

ですから、公的役割の場面でやりたいとかやりたくないとか私的感情で動くのは、情動《じょうどう》的人間に堕落《だらく》するわけで、公的場面での自分を見失ってしまうことになりますから、「自分探し」の失敗を意味します。そうではなくて、大なり小なり「公なるもの」のために役割を取得したとの厳粛な自覚に立つと、その任務を果たすべくやらねばならないことのために、歯をくいしばって私的な自己と闘《たたか》う底力が出てくるものなのです。

阪神・淡路大震災のときの若者たちのボランティア活動が、このことを立証しています。この若者たちは、「公なるもの」に出会って進んで役割取得をして、公共の世界における「普遍《ふへん》的な自己実現」の生きがいと喜びを味わうことになったのです。この「普遍的な自己実現」においてこそ、「自分探し」のもう一つの成功を見ることができるのではないでしょうか。

五、立　志――人生をデザインする

「自分探し」の勉強を続けるうちにやがて機が熟すと不思議なことが起こります。それは、自分のかけがえのない尊い持ち味を見つけてそれを鍛錬《たんれん》し、卓越した状態にまで高める「卓越性の追求」の志《こころざし》と、人々みんなの公共の幸せのために進んで役割取得をする「普遍的な自己実現」の志とが、わが志において一つに結び付くことです。これを「立志《りっし》」と言います。

つまり立志とは、自分の持ち味を発揮することが世の中の人々のために役立つという自分独特の道を見つけ、その道に志すことにほかならないのです。だから立志とは自分の人生をデザインすることなのです。

箱一つを作るにしても設計図を書いてデザインを決めないと、よいものができません。箱などは失敗しても作り直せます。しかし、人生はやり直しがきかないのです。今日という日はただ一度だけで、二度とは来ないのですから人生はただ一度だけなのです。やり直しのきかないただ一度だけの人生、そんな大事な人生を設計図なしで、デザインも持たないで行き当たりばったりにうかうかと暮らすというのは、なんと恐ろしく愚《おろ》かなことでしょう。学校に行って、たとえ英語が読めたり、二次方程式が解けるようになっても、自分の人生のデザインを持たないようでは、なんのために生きるのか、どのように生きたらよいのかわからないのですから、ほんとうの意味で教育を受け勉強した人とは言えないのではないでしょうか。

「自分探し」の勉強をして自分の尊い持ち味がわかり、その持ち味を発揮することが、人々の幸福に役立つ道を見つけて「公なるもの」への役割取得をし、その道において自分の人生をデザインする立志こそ、人はなんのために学校に通うのか、なぜ勉強するのか、さらに根本的には人はなんのために生きるのか、との問いの答えを得ることになるのではないでしょうか。まことに人は何歳になっても立志こそ、人生万事の源《みなもと》と言うべきでしょう。

六、人生設計――生涯学習の基本的課題

「自分探し」の勉強をして自分の尊い持ち味がわかり、その持ち味を発揮し

て人々の幸福に役立つ道を見つけて「公なるもの」への役割取得をなし、生きがいある人生を送るようなデザインをすることこそ、人はなぜ勉強するのか、学ぶのかという問いに対する基本的な答えではないかと考えてきましたが、そのような人生のデザインは一朝一夕《いっちょういっせき》でできるものではありません。それは生涯を通しての学習によって、年齢段階の人間的成長とともにデザインされていくものなのです。したがって、わが人生をデザインする人生設計は、すべての人にとって生涯学習の基本的な主題であると言わねばなりません。

宮崎大学の農学部で林学を教えている先生から聞いた話ですが、宮崎には台風がよく来ます。台風による山林の被害調査を行うにあたって、学生たちに調査計画を立てさせました。学生たちは、山には尾根と谷があり台風の激しい風は尾根に当たり、谷はそれほどでもないから、被害は尾根に集中すると考えて、地図上で尾根づたいの調査計画を立てました。

ところが現地に到着して山に入った学生たちは、わが眼《め》を疑うほどの光景に驚愕《きょうがく》しました。尾根の高い所の樹木は、枝は吹き折れ、葉は吹きとばされて裸になっているが、倒れずに立っています。それに反し、谷の樹木は一つ残らず倒伏《とうふく》して根こそぎになり、目をおおうばかりの惨状《さんじょう》を呈《てい》していたのです。

どうしてこんなことが起こりうるのか、先生が説明します。「谷は地下水が地表近くまで来ているので、樹木は地表の浅い所に細根を張りめぐらして、苦労もなく栄養をとっている。だから樹高は伸び、葉も繁《しげ》り立派に栄えているように見えるが、その割には根が細く浅いから、ひとたまりもなく倒伏してしまうのである。尾根に生えた樹木は地下水が遠いので太い根を深くおろしている。だから倒れないで持ちこたえているのである。根こそぎになった樹木は枯死《こし》するしかないが、立っている樹木はやがて新芽を出して生きかえる」と。

人生も同様ではないでしょうか。この世《よ》的に物質的、享楽《きょうらく》的な浅いところに根を張っている人は、一見《いっけん》幸福そうに見えても、ひとたび人生の苦難の嵐に襲われるとひとたまりもなく倒れてしまうのではないでしょうか。それに反し人生の深いところ、すなわち自分探しの苦労をして精神的、道徳的に自己を確立して太い根をおろしている人は、人生の艱難《かんなん》に耐えて生き抜くことができるのです。それは自分の持って生まれた天分である持ち味が何であるかを見つけ、その持ち味を発揮して「公なるもの」への役割取得をし、自己実現の喜びと生きがいをわがものにしているからです。このような人生をわがものにすること、それはまさに生涯を通して展開される生涯学習の基本的主題と言えるでしょう。

ここで強調しておかねばならないことがあります。それは、人生設計は生涯学習の基本的主題であるとはいえ、それは特に青少年期における立志のあり方によって重大な影響を受けるという事実です。しかも長い人生の中で青少年期の立志がどのような意義を持つかは、本人が成人に達してから、わが人生をふりかえって初めてわかるのであって、青少年期の自分にはそのような自覚が乏しく、後になって青少年期の無自覚を後悔するものです。

そこで、青少年の周囲の成人たちの働きかけが大切になります。成人たちが協力して青少年に対し人生設計の学びを促し、激励や助言に努める生涯学習体制を打ち立てねばなりません。このような視点から見て、その青少年期にすばらしい立志を成し遂げた吉田松陰と、彼の周囲にいた成人たちの教育体制づくりを後章で取り上げ、現今の青少年層に対する生涯学習体制の問題点を考察いたしましょう。

七、隣人愛——生涯学習の活力

「自分探し」に始まる人生設計への生涯学習において、次に問題になるのは成人層自体の「自分探し」に対する意識の持ち方です。成人の多くはすでに自分自身についての既成概念《きせいがいねん》を抱いているので、今さら「自分探し」でもあるまいとの感じを持つか、あるいは答えがすでに出ていて、もともと自分はたいした人間ではないのだとあきらめの境地で自信を失っているか、いずれにしても人生設計の生涯学習に消極的になるおそれがなくもないのです。そして、このような意識を持つ背景には、人がそれぞれ孤立して周囲の人々から切り離され、ばらばらの存在になっているという現代社会の人間関係の問題、つまり、自分と周囲の隣人との間に「砂漠化」された人間関係の問題が横たわっているのです。

ある幼稚園での朝の出来事ですが、登園して来た男児が見事《みごと》な花束を担任の先生に差し出して、「先生、この花あげる」と言いました。その教師は、「まあ、きれいね。ありがとう」と受け取ってすぐ花瓶《かびん》を持ち出し、いそいそと花を活《い》け始めました。その教師の後ろ姿をこの男児は寂《さび》しくしょんぼりたたずんで眺《なが》めていました。

教師は次々と登園してくる園児を迎える多忙の中で、能率よく花束の処理をしてしまいたいと思ったのでしょう。物事の処理を能率よくすることは悪いことではありません。いやむしろ現今の能率追求の競争社会の通念から見れば、この教師は有能な教師です。ではどうして、この男児は寂しくしょんぼりとこの教師の後ろ姿を眺めながら立ちつくしていたのでしょう。ここに問題があります。

それは、この教師は花を受け取っただけで、この男児の心を受け取っていないからではないでしょうか。「どんな思いでこの男児は花束を持ってきたのか。花束を持たせてよこした母親からのメッセージはなんなのか」との思いで、ひとまず花束をそこに置いて、膝《ひざ》をついてこの子と同じ眼の高さになって、その眼をのぞき込みながら、その子の心の声を聞くことが大切なのではないでしょうか。

教師は男児の顔を見たにもかかわらず、この子と「出会」っていません。二人の心はすれ違ったままで結ばれていないのです。「出会う」とは心と心がしっかりと結ばれることなのです。心と心が結び合うとき、人は相手と共にあり、共に生きることに喜びを見いだすものです。それは、隣人愛による共に生きる喜びです。われわれの問題にしている「自分探し」が熱意あるものになり真実なものになるには、このような隣人愛の「出会い」の人間関係が、その社会的基盤となっていなければならないのです。幼児教育の現場にまで浸透《しんとう》した能力主義によって、「砂漠化」された現代競争社会の独りよがりの利己主義では、「自分探し」の社会的基盤《きばん》が切り崩され、生涯学習による人生設計を不毛《ふもう》なものにしてしまうことでしょう。

㈳日本キリスト教海外医療協力会からネパール王国へ派遣《はけん》されて、主として結核病の対策と治療に貢献《こうけん》された医師岩村昇先生は、本部からの巡回使に対して欧米の医師たちが、自分の業績を誇らしげに報告するのを違和感を持って聞くのが常でした。日本人の感覚では自己宣伝をしているようで嫌だったからです。

ところが、それをしないではほんとうに仕事をしていないように受け取られるおそれがあるとわかったので、欧米の医師以上に業績を上げていることをありのまま報告することにしました。

その年の巡回使はリンデル氏でした。岩村先生は五千人の結核患者を発見して治療した経緯《けいい》を素直に報告しました。標高《ひょうこう》三千メートル以上の富士山の頂上ほどの高地で、車も通れない山道をテントや器材をかついで一つの部落から次の部落へ移動するのに、第一日目はこちらの斜面を降りて谷底で一泊。第二日目は谷底の川を渡って向こう側の斜面を登って峠で一泊。第三日目の夕方やっとのことで目ざす部落についたときは疲労困憊《こんぱい》で睡眠《すいみん》と休息、第四日目にやっとテントの中に医療器材を並べるが誰も診察を受けに来ない。そこで部落の長老を訪ね政府の説明書を見せるなどして説得し、ようやく住民が集まり始めるといった状況の下で五千人の患者を発見して治療したのですから、たいへんな業績であったわけです。

リンデル氏はねんごろにその労をねぎらいました。そして、顔色をあらためて言いました。

「それであなたは心の友を何人得ましたか」

「友人は何人かいますが、心の友というのはどういう友のことですか」

「それは、身体の病気のことだけでなく、心の悩みをうち明ける患者のことです。いや、岩村先生、あなた自身が心の悩みをうち明ける現地の人のことです」

岩村先生が、「残念ながらそんな人はいません」と答えると、リンデル氏はきっとした顔つきで言いました。

「では、あなたはまだ何もしていない……」

リンデル氏は、真実の医療というものは、隣人愛の人間関係に基づく新しい社会の形成に向かうものでなければならないと訴えたのです。隣人愛に目覚めた自分を見いだすことこそ、「自分探し」の到達点であり、そこから強力なエネルギーを生み出す源泉となるのではないでしょうか。

「自分探し」による人生設計の生涯学習は、隣人愛の人間関係を基盤とする新しい社会の形成を目ざす願望によって、その活力を得ると申しましたが、ここに無視できない問題がひそんでいます。それは、その願望がのっぴきならぬものになればなるほど、人は自分の無力さを思い知らされるという矛盾《むじゅん》です。

無力さを自覚するあまり自己に絶望し、生涯学習の意欲も失ってしまう危機に陥るおそれがあります。この矛盾をどう克服したらよいでしょうか。

『新約聖書』に次のような譬話《たとえ》が記されています。

「あなたがたのうちのだれかに友達がいて、真夜中にその人のところに行き、次のように言ったとしよう。『友よ、パンを三つ貸してください。旅行中の友達がわたしのところに立ち寄ったが、何も出すものがないのです』。するとその人は家の中から答えるにちがいない。『面倒をかけないでください。もう戸を閉めたし、子どもたちはわたしのそばで寝ています。起きてあなたに何かをあげるわけにはいきません』。しかし、言っておく。その人は、友達だからということでは起きて何か与えるようなことはなくても、しつように頼めば、起きて来て必要なものは何《なん》でも与えるであろう。そこで、わたしは言っておく。求めなさい。そうすれば、与えられる。探しなさい。そうすれば、見つかる。門をたたきなさい。そうすれば、開かれる。だれでも、求める者は受け、探す者は見つけ、門をたたく者には開かれる」

（「ルカによる福音書」十一章五—十）

ここに描かれている人は、真夜中に友達の家の戸をたたいて、パンを貸してくれと頼み、家の中から断わられても執拗《しつよう》に戸をたたき続けています。なんとみじめな姿でしょう。いろいろな世論調査によると平均的な日本人の願望は、経済的に豊かで趣味を活かした優雅《ゆうが》な生活をしたいということのようですが、それと比べてこの人のみじめさは際立っています。

しかし、私はこの人のみじめさの中に、われわれの問題の解決の鍵《かぎ》がひそんでいると思います。この人が求めているパンは自分のためではありません。自分のためなら真夜中に友達の家の戸をたたくことをしないで、水でも飲んでがまんしたことでしょう。しかし、夜遅く疲れ果てて腹をへらしてたどりついた旅人に、何か食べさせてあげたいとの「のっぴきならぬ願望」を抱いたそのためのパンなのです。ところが、その「のっぴきならぬ願望」を満たすべきパンが自分のところにはないのです。この人は隣人愛による「のっぴきならぬ願望」の前に、自分の無力さを思い知らされて絶望《ぜつぼう》したことでしょう。

問題はこの絶望です。もし誰でも自分の力でこの世はなんとかやっていけると、人生を平穏《へいおん》に甘く考えているなら、その人はいまだ隣人愛による「のっぴきならぬ願望」を抱いたことがない、つまり、ほんとうに心の底から隣人のためにこうしてあげたいと願ったことがないからではないでしょうか。逆に言えば、人は誰でも隣人愛に燃えて「のっぴきならぬ願望」を抱くなら、現実の自分の無力さを思い知らされ、自己に絶望する破目《はめ》になるものなのです。問題はこの絶望の仕方にあります。

この人は自己の無力さに絶望のあまり自殺したでしょうか、違います。この人は真夜中の町に走り出て友達の家の戸をたたいたのです。この人は自己の無力さには絶望しましたが、この世界には絶望していないのです。そこにはパンを持った友達がいて、熱心に求めたらパンを貸してくれるのです。隣人愛による「のっぴきならぬ願望」が絶望から救ってくれているのです。家には腹をへらした旅人が待っています。断わられたからといって「はい、そうですか」と引きさがるわけにはいかないのです。執拗に求め続ける力が、この「のっぴきならぬ願望」から湧《わ》き出てくるのです。

「のっぴきならぬ願望」の力に燃えて、絶望のどん底から発奮《はっぷん》して立ち上がり、ついに歴史上にその名を残す偉大な業績を成し遂げる感動的な人生ドラマの実際は、後章の吉田松陰とその門下の問題児、天野清三郎《あまのせいざぶろう》について明らかにいたしましょう。

自分の無力さに絶望した人がおおいに発奮して立ち上がるには、もう一つ重要な要因があります。それは、このように無力な自分にも、天は必ず、他の人にはないかけがえのない尊い持ち味を授けてくださっているに違いないという信念です。ここで注意すべきことは、尊いということは優れているということではないということです。尊いとは、他と比較して優劣を考える次元を超越して、ひたすらかけがえのなさをいうのです。

例えば、家族もかけがえのない尊いものです。必ずしも他の家族より優れているというわけではないけれども、わが家族は私にとってかけがえのない尊いもので、家族を守るためには命を賭けても惜《お》しくないほどです。天が自分に授けてくれたかけがえのない尊い持ち味、個性もこのような意味で尊いのですが、それが具体的にどのようなものかはよくわからないものなのです。具体的にはまだよくわからないながらも、そのような尊い持ち味は必ず天から与えられているに違いないと固く信じて、それがどのようなものであるかを見つけるために、「自分探し」の勉強を全力を尽くして求め続ける努力をする、それが真実の人生を生きることにほかならないとの人生観、ないし人間観を持つことが重要な要因となるのです。その人はもはや天を相手に「自分探し」の修行をすることになります。

八、天与の自分探し――生涯学習の醍醐味

私が大学で教えていた頃のある夜、不意に学生が訪ねて来ました。話を聞くとすでに一年間卒業延期をしているが、このまま卒業して社会に出る自信が全然ないので、もう一年卒業延期したい。ところが親が反対で、どうしても卒業せよというので困り果てて相談に来たということでした。

そこで私は、一日千秋の思いで息子の卒業を待つ親の身になってみよ、と説《せっ》

得《とく》しましたがあまり効果がありません。卒業拒否の根底には「自分探し」での強い自信喪失があるようです。学問も中途半端な知識に止まっているし、どのような職業に就いたらよいかも迷っているし、そもそも自分が何者なのかもわからない。目の前に真っ暗な闇《やみ》が横たわっているようで先へ進んで行けないとのことでした。

夜もすっかりふけたので、「今夜はここまでにして帰りなさい。一日よく考えて明晩またいらっしゃい」ということになって、「バスも電車もないのでタクシーを呼んであげよう」と言うと、「自転車で来ています」と言うので門まで送って出ました。

彼は自転車のライトを点灯しました。ライトは十メートルほどの距離を照らし出しました。それを見て私が尋ねました。

「君の家はここからどれほどの距離にありますか」

「はい、九キロほどです」

「君の自転車のライトはわずか十メートルほどしか届かないね。その向こうには無限の闇がひろがっているのに君はなんの不安もなく九キロの先まで行こうとしている。どうして不安なく自信たっぷりに出かけられるのか。先ほどの話では目の前の真っ暗の闇では前に進めないと言ったではないか」

彼は黙ってライトの光を見つめています。

「そうだよ君、君が自転車をこいで前進するからだよ。前進すればライトの十メートルが、先へ先へと進んで行って、九キロ先まで到達《とうたつ》するのだよ」

人生も同様です。限られた知識や経験が照らし出す道は少しだけれど、勇気を持って前進すれば、次々と行く手が照らし出されてくるのです。

「さあ、勇気を持って十メートル先を照らすライトの光を信じ、人生の闇に向かって前進だ。ただし自転車をこぐことをやめてはならないぞ」

そうです。十メートル先を照らす光が消えないことを信じて自転車をこぎ続ける、倦《う》まず弛《たゆ》まず求め続けることが肝要《かんよう》です。

「自分探し」による人生設計の生涯学習の道は、決して安易でも平坦でもありません。というのは、天が各人にかけがえのない尊い持ち味を授けてくれているいると信じても、その持ち味はどんなものか全体像が明らかになっているわけでもなく、興味・関心のあり方などわずかに天与《てんよ》の手がかりを頼りに、ちょうど自転車のライトの光を頼りにするように、苦しみ迷いながら試行錯誤《しこうさくご》を繰り返し、求め続けながら倦まず弛まず「自分探し」の道をたどるのが人生であるからです。

ここで大切なのは、倦まず弛まず求め続ける底力はどこから出てくるかを自覚することです。その底力は、天は必ず自分にかけがえのない尊い持ち味を与えてくださっていると信ずる信念から出るものなのです。ですからそれは、全存在を賭けた自分と天との間の信頼関係の問題となるのです。吉田松陰は天と呼びましたが、神や仏、また絶対者などと呼ぶこともあります。ここでは、人は天を相手に自らの本性を尋ね求め、自己実現の生きがいを見いだし、人生の意義を納得する境地に到達することになります。ここにこそ生涯学習の醍醐味《だいごみ》があると言えるのではないでしょうか。

泰西《たいせい》名画のミレーの「晩鐘《ばんしょう》」の絵には、遠くの教会堂から鳴り渡る夕べの鐘の響《ひび》きの下で、農夫とその妻が手を止めて夕べの祈りを捧げている敬虔《けいけん》な姿が描かれています。教会堂の鐘は誰かが鳴らしているからその音が響き渡っているのです。しかし、鐘の音を聞いた人々は、「ああ、教会の鐘だ」と教会を思い出し、忘れていた神様を思い出します。そして銭もうけの仕事をやめて信仰心を取り戻し、清らかな心に立ち帰って敬虔な祈りを捧げるのです。そのとき人々は本心に立ち帰り、争いをやめ、そこに神の賜《たまわ》る平安が実現するのです。

鐘を鳴らしている人は、世の人々が誰も自分のことを認めてくれないので不幸でしょうか。いや違います。自分が鳴らす鐘の音を聞いた人々の間に神の賜る平安が実現するのですから、世の人々のためにこれほどやりがいのある尊い仕事はありません。人々に認められなくても神様が見そなわしてくださるから、それで満足なのです。この境地は、もはや特定の隣人への愛である隣人愛を超えて、天下万民の幸福を願う経世済民《けいせいさいみん》の志と言うべきです。それは、天を相手にして天を喜ばすことを目ざす崇高《すうこう》な志です。

人の世の罪悪がはびこり、人心はますます堕落《だらく》するにもかかわらず世が滅びないのは、このように隠れたところで天に喜ばれる尊い労苦を積んでいる人々がいるからではないでしょうか。この境地こそ「自分探し」の人生設計の学びである生涯学習の究極の醍醐味ではないでしょうか。われわれの問題となっている吉田松陰が、その学問・勉学の修行においていかにこの境地をわがものにしていったか、後章で考察いたしましょう。

最後に、注目すべき歴史的事実をあげておきましょう。徳川時代のわが国の各藩には現今の大学に相当する学校、藩校が設置され、江戸にはそれら藩校の総元締《そうもとじめ》の大学として、湯島聖堂《ゆしませいどう》がすばらしい施設を誇っていました。

湯島聖堂は最高学府《がくふ》として偉容《いよう》を誇っただけでなく、教授方は天下に名を知られた学者であり、学生も各藩からよりすぐった秀才を集めていましたし、教育組織もよく整っていました。それに反し、吉田松陰の松下村塾《しょうかそんじゅく》は、松陰が幽《ゆう》閉《へい》されていた粗末な部屋で、教師は幕府からおとがめを受けている松陰一人。おとがめを受けているため、おおっぴらに生徒を集めることはできず、近隣の青少年や松陰を慕う青少年が集って来たにすぎません。決して秀才を集めたわけではないし、整った教育課程《カリキュラム》などもありませんでした。

ところが、幕末から明治維新の激動の国難にあたって、わが国の命運を賭ける課題に立ち向かい、課題の解決に己が生命を賭けて活躍し、歴史にその名を残した人物は、湯島聖堂から出たのではなく、松下村塾からであったという感嘆《かんたん》すべき事実があります。

なぜそうなったのでしょうか。それはひと言で言えば、湯島聖堂での学問・勉学が死んだものであったのに反し、松下村塾の学問・勉学は時代の課題に立ち向かう活きた学問・勉学であったと言うしかないでしょう。死んだ学問・勉学というのは、天とのかかわりを失って真実の「自分探し」を忘れ、たくさんの知識は身に付けるけれども、その志はよい就職口にありつきたいとか、学者としての名声を得たいとか名利の欲に走り、または物知りの辞典《じてん》のような役割に満足して、時代の活きた課題に疎《うと》く、これを解決しようとする心構えも能力もない、つまり経世済民の志を欠いた学問・勉学を言います。

これに反し、活きた学問・勉学というのは、名利の心を捨てててただひたすらに天下万民を安んずる大志を堅く持って、現実の活きた課題に立ち向かい、その解決のために基本の学問・勉学に全力を尽くすとともに、自らの本性を求めてその充実を目ざす「自分探し」に努めるものです。この問題は、吉田松陰の松下村塾の実態にふれながら後章で詳しく考察いたしましょう。

第二章　維新日本の先駆け

一、千秋の人　吉田松陰

立志は人生万事の源であるということを前章で学びましたが、そこで、自分の志の実現を目ざして懸命に「自分探し」の勉強に努め、さわやかにして奮闘《ふんとう》的な人生を生きた一人の青年のことを考えてみましょう。それは吉田松陰のことです。「千秋の人」とは、千年もの歴史にその名を残す人という意味で、吉田松陰はまさにそのような傑出《けっしゅつ》した青年であったのです。

吉田松陰は、今から百七十年ほど前の一八三〇年（天保元年）八月四日に長《なが》門《と》（今の山口県）の萩《はぎ》の郊外松本村に生まれ、一八五九年（安政六年）十月二十七日、江戸伝馬《てんま》町の獄《ごく》において幕府によって処刑されました。その一生は二十九年二か月あまりの短いものです。しかし、松陰と松陰が開いた松下村塾に学んだ青年たちが、あの明治維新に与えた影響は計り知れないほど大きく、その青年たちはいずれも歴史に名を残す「千秋の人」になっているのです。どうしてそのようなことになったのでしょう。

吉田松陰が生まれ育った一八三〇年代から四〇年代のわが国を取り囲む情勢は、国際的に緊迫の度を加えておりました。というのは、東洋の各地に植民地を獲得《かくとく》した欧米諸国が、当時鎖国《さこく》政策をとっていたわが国の近海に進出して、形勢をうかがうようになっていたからです。

一八三七年（天保八年）にはアメリカ船が浦賀に入港し、浦賀奉行《ぶぎょう》が砲撃を加える事件があり、一八四三年（天保十四年）にはイギリス艦が宮古・八重山《やえやま》諸島に、一八四四年（弘化元年）にはフランス船が琉球《りゅうきゅう》に、オランダ艦が長崎に、翌年の一八四五年（弘化二年）にはイギリス船が琉球になど、毎年イギリス、フランス、アメリカなどの艦船がわが国の近海に来ては、通商貿易を強要する事態に加えて、オランダ国王が幕府に対して鎖国政策をやめて開国するように勧告《かんこく》してきました。このような緊迫した事態にもかかわらず、徳川幕府は衰えて対処する力はなく、各藩は互いに対立し、一致協力して外国にあたる勢いはありませんでしたから、わが国はあわや国内分裂のうえ、国家の独立も失いかねない一大危機に直面していたのです。しかし、それが幸いにもそうならないで、明治維新という新しい国づくりに成功したのでした。

吉田松陰とその門下生の青年たちは、その明治維新という新しい国づくりに大きな貢献をしたのですが、それは、「人はなぜ勉強するのか」、言い換《か》えれば、「人をして勉学へと突き動かすものは何か」という、われわれの根本問題とのかかわりから見れば、門下生の青年各自の立志が源となっていたと言わねばなりません。

つまりこの青年たちは、わが国が幕末から明治維新の国づくりへの激動に苦悩する時代に生まれ育ち、松陰先生門下にあってその時代の課題を自らの課題として、懸命の「自分探し」の勉強をしておのおの立志をなし、その立志に自らの生涯を賭けて新しい国づくりという「公なるもの」のために進んで役割を取得し、ついに明治維新の成立と発展に大きな貢献をなしたわけです。

そこでまず、その生きた実例として松下村塾の問題児、天野清三郎について考察し、次いで、中心人物である吉田松陰の教えと勉学への基本的な考え方について、その波乱に富む短い生涯をたどりながら、時には格調の高い原文を味わうなどして考察を進めることにいたしましょう。

二、松陰門下の奇才　天野清三郎

天野清三郎は、一八五七年（安政四年）の冬、十五歳で松下村塾に入門しました。癖《くせ》のある扱《あつか》いにくい少年でしたが、松陰は安政五年六月十九日の久坂玄瑞《くさかげんずい》あての手紙で、「天野はなかなか変わった人物で人々からはよく思われていないが、私が独り可愛《かわい》がって目にかけている〈訳〉」（全集⑨四七、書簡）と述べています。ところが、安政六年正月二十七日の入江杉蔵《いりえすぎぞう》あての文書では、「天野は奇識《きしき》あり、人を視《み》ること虫の如《ごと》く、その言語往々《おうおう》吾《わ》れをして驚服《きょうふく》せしむ」（全集⑥一二六、己未文稿《きびぶんこう》）と言い、指導よろしきを得ればひとかどの人物になるであろうが、下手《へた》をすれば駄目になってしまうおそれがある、と期待とともに心配をしています。

天野清三郎が松下村塾に学んだ時代は幕末の激動の時代で、一八五八年（安政五年）九月には世にいう「安政の大獄」があり、天下騒然《そうぜん》となる中、十二月になると藩命によって松陰は再び野山獄《のやまごく》に入れられました。年が改まった安政六年二月十五日、松陰は獄中から江戸にいる高杉晋作《たかすぎしんさく》あての手紙で、「天野はあなた以外の人には服従しない。天野のことを心に留めておいてほしい〈訳〉」（全集⑨二四八、書簡）と書き送っています。同年五月二十五日、松陰は江戸へ護送されましたが、さらに処刑が迫った十月七日、江戸の獄中から高杉晋作あての手紙で、「天野少しく才を負み勉強せず、是《こ》れ惜しむべし」と心配を表明したうえで、「深く顧《かえり》みて呉《く》れ給《たま》え」（全集⑨四六二、書簡）と天野のことをくれぐれも頼んでいます。自分の死後の門人それぞれについての身の振り方を考えてやっているところに、松陰の偉《えら》さとともに門人への愛情の深さを思わされます。

松陰の死後、高杉晋作は天野を引き取って面倒を見、天野も高杉を尊敬して懸命に働きました。高杉の指導の下で勤皇討幕《きんのうとうばく》の政治運動に参加したのです。ところが、懸命に働きながら天野がつくづく考えたことは、自分は政治運動には向いていないのではないかということでした。第一に頭の働きが鈍《にぶ》くて、いざというとき臨機応変《りんきおうへん》の処置ができない。そのうえ、もともと勉強嫌いで、運動のための理論づけの能力がない。松陰先生の教えでは、自分の真骨頭《しんこっとう》（真骨頂）を求得《きゅうとく》せよ（全集⑥二〇三、己未文稿）と言われるが、政治運動は自分の真骨頭とは思えない。「このまま勤皇討幕運動に加わっていても高杉晋作の足手まといになるだけではないか」と思いつめた天野は、ついに政治運動から身を引く決心をしました。

これは大変な決心だったのです。というのは、今まで行動を共にしてきた同志から、命が惜しくなって逃げ出した裏切者《うらぎりもの》だと見られて、かえって命をねらわれるようなことになりかねないからです。その苦悩の中で、天野はこれから自分はどうすればよいか、政治運動に向かないなら何をしたらよいか、真剣に「自分探し」を続けたのです。考え続けるうちに、かつて聞いた松陰の言葉が耳に残っているのに気づきました。

それは、一八五三年（嘉永六年）六月、ペリーが率いるアメリカの軍艦四隻が浦賀に来航したとき、松陰は直《ただ》ちに現地に行ってつぶさに米艦を視《み》るとともに、幕府をはじめ日本側の大狼狽《ろうばい》のありさまに憤慨《ふんがい》して帰り、対応策を説いて、わが国も同様な堅艦《けんかん》を製造しない限り国を守ることはできないことを強調した（全集①三〇四、将及私言《しょうきゅうしげん》）、その言葉が耳に残っていたのでした。〝そうだ、自分は頭の働きが鈍いうえに勉強嫌いであるが、手を使って物を作ることは好きである。松陰先生の説いた「船造り」になろう。立派な堅艦を造って日本を守るのだ〟と心に決めたのでした。

これはまた大変なことなのです。当時は士農工商の身分制度が厳として存在していたのですから、武士の身分の天野が武士の身分を捨てて船大工《だいく》の職人になるわけにはいかないのです。藩内にいてはとうていできないから、天野は脱藩し密航して上海《シャンハイ》へ逃げ、さらにイギリスのロンドンに行き、グラスゴー造船所で働きながら船造りを学ぶことになりました。一八六七年（慶応三年）明治維新の前年のことです。これは、松陰が鎖国の国禁を犯してまで海外に出ようとした志を継いだ壮挙《そうきょ》であったと言うことができるでしょう。

ところが、イギリスの造船所で船大工として働いて船造りを学んでいるうちに、とんでもない重大なことがわかってきました。それは、船を造るにはただ手先の技能だけではなく、基本となるいろいろな学問が必要であるという事実です。つまり造船の学問が必要なのです。造船の学問を学ぶには学校に入らねばなりません。それで、昼間働きながら夜学校に入りました。夜学校では英語で基礎の数学や物理学から学び始めるわけです。遠くイギリスの異郷の地で不自由な英語で、昼間の労働で疲れた身体に鞭《むち》うって、生まれて初めて数学や物理学などを学ぶのですから、その苦労は並大抵《なみたいてい》のものではなかったことでしょう。血を吐《は》く思いで勉強したと述懐《じゅっかい》しています。

そもそも天野清三郎は勉強嫌いだから船大工になろうとしたのでしたが、その勉強嫌いがはるかイギリスの地で不自由な英語を使って、習ったこともない数学や物理学をはじめ造船の基本の学問を、血を吐くほどの苦しい思いをしながら勉強を続けた驚くべき底力はいったいどこから出たのでしょうか。それは、これよりほかにわが生きる道はないと思い定めた立志から出たのです。船造りの一人前の大工になって立派な堅艦を造り日本の国を守りたい、そして松陰先生のお言葉に応《こた》えたい。それよりほかに生きていく道はないのだ。だから石にかじりついても、血を吐く思いをしても、何がなんでも船造りの勉強は続けなければならないのです。この立志が苦境《くきょう》の天野清三郎を支えたのでした。

しかし、勉強はやってもやっても理解できない内容が出てきます。これには弱り果てました。当時の日本人にとっては無理もないことだったのでしょう。それでも三年たったらどうにか学校は卒業させてもらえました。卒業はしましたが、船造りのことは依然としてよくわからないのです。もう一度やり直したいから再入学させてほしいと申し出たところ、それはできないと言われたので、アメリカのボストンに渡り、そこの造船所で働きながら学校に通いました。今度は、最初からよく理解できたそうです。天野の英語も上達していたでしょうし、アメリカの学校の教え方も進んでいたのでしょう。そして、一八七四年（明治七年）に日本に帰国しました。帰国してみると時代は変わり、松下村塾の同輩が明治新政府の要人になっています。天野は会いに行きました。

「おお、天野清三郎、生きていたのか。何をしておったのか」

「松陰先生のお言葉を守って外国で船造りを学んできた」

「それは、新政府にとってまことに得難《えがた》い人材である。新しい日本の建設のために力になってくれ」

というようなことになったのでしょう。天野は明治新政府の工部省《こうぶしょう》に入りました。そして、長崎造船所の建設に尽力し、その所長として今日では世界に冠《かん》たる日本造船業界の文字通り草分けの偉業を成し遂げたのでした。さらに、日本郵船の社長になって日本の海運業の発展に尽くしました。彼は後に名を渡辺蒿《わたなべこう》蔵《ぞう》と改めましたが、松下村塾の問題児であった彼もまた、後世に名を残す「千秋の人」となったのです（全集⑫三三九、関係人物略伝）。

「人はなぜ勉強するのか」、言い換えれば、「人をして勉学へと突き動かすものは何か」というわれわれの根本問題とのかかわりで、天野清三郎の生涯を見てきましたが、松卜村塾の問題児であった彼をして後世にその名を残す「千秋の人」たらしめた源は、その立志にありました。彼は高杉晋作の下で勤皇討幕の政治運動に加わりながら、自分が天から授かっているかけがえのない持ち味に目覚め、松陰先生の言葉に発奮して船大工になって立派な堅艦を造り、日本の国を守ろうとの決意が、彼の立志となったのでした。

次の問題は、いかにしてその決意を実現するか、言い換えれば、自らのかけがえのない持ち味を卓越した状態にまで高めるか、でありましたが、彼はその卓越性の追求の苦難に満ちた道を、イギリスとアメリカにおける血を吐く思いの決死の勉学によって乗り越えたのでした。そして、その決死の勉学を支えたのは彼の立志そのものであったのです。

つまり、第一流の船造りに向かっての卓越性の追求が、日本の国を守り新しい国づくりによる万民の幸福につながることを、松陰の遺訓《いくん》によって確信し、「公なるもの」への役割取得を果たしたその立志が、已《や》むに已まれぬ底力となって、彼の奮闘的生涯をさわやかに支え続けたのでした。

第三章　吉田松陰の志と勉学

一、志の原点――家業を継ぐ

(一)すばらしく大きな夢――千秋の人

吉田松陰とはいったいどんな人物だったのか。勉強や学問についてどう考え、どのような態度をとったのか、その光彩《こうさい》を放つ波乱の生涯の実態に沿いながら、まずその志について考察してまいりましょう。

吉田松陰が開いていた松下村塾の床柱に、長さ百六十六センチメートル・幅十八センチメートルほどの聯《れん》が掛かっていました。聯というのは柱などに左右一対にして掛ける細長い飾り板のことで、松下村塾のものには孟宗竹《もうそうだけ》に松陰が書き、当時村塾の主宰であった叔父の久保五郎左衛門《くぼごろうざえもん》が彫《ほ》りつけた次の文字がありました。

万巻《まんがん》の書を読むに非《あら》ざるよりは
寧《いずく》んぞ千秋の人と爲《な》るを得《え》ん
一己《いっこ》の労《ろう》を軽《かろ》んずるに非ざるよりは
寧んぞ兆民《ちょうみん》の安きを致《いた》すを得ん

〈全集⑦一五九、松陰詩稿《しこう》〈原文は漢文〉〉

［一万巻に及ぶたくさんの書物を読まないでは、どうして千年の歴史に名を残す人となることができようか。自分一人の労苦を進んで負うのでなく

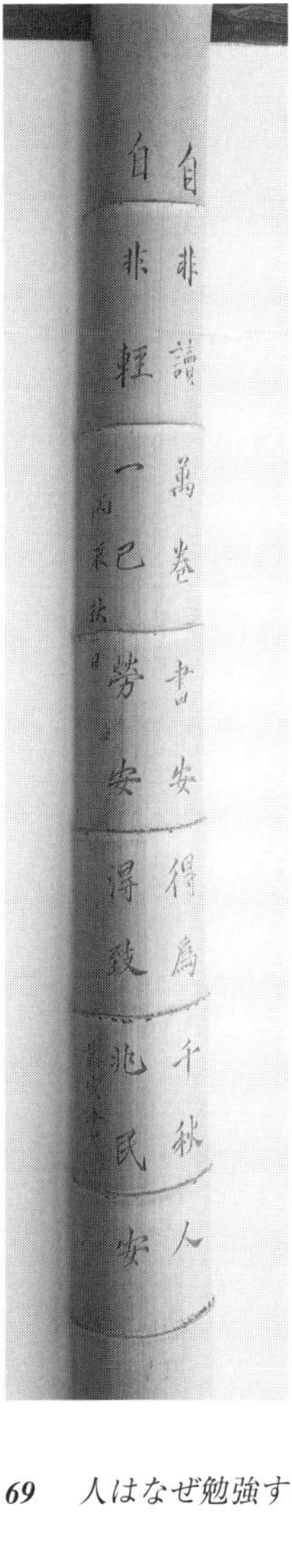

松下村塾の聯（松陰神社所蔵）

して、どうして天下の人々を安らかにすることができようか」という意味です。言い換えれば、人と生まれてきたからには、千年もの歴史にその名が残るような人になりたいし、天下の人々が安心して幸せに暮らせるような世の中にしたい。そのためには一万冊ほどのたくさんの書物を読んで勉強し、進んで世のため人々のため、わが身の労苦を惜しまず尽くさねばならない、という覚悟を述べたものです。

この文字は聯に彫って松下村塾に学ぶ門人たちに示されたものですが、それはまた吉田松陰自身の生涯を賭けた覚悟であり、夢であったのです。なんという大きな夢、すばらしい夢でしょう。松陰の偉さはこの大きな夢に向かって生涯を賭け、全力を尽くしたところにあります。

松陰は一八五九年（安政六年）四月、幕末動乱のきびしい状勢の中で、十七歳の門人品川弥二郎《しながわやじろう》がどのように生きたらよいかを問うたのに対して、

「人間僅《わず》か五十年、人生七十古来稀《こらいまれ》、何か腹のいえる様《よう》なことを遣《や》って死なねば成仏《じょうぶつ》はできぬぞ」（全集⑨三六三、書簡）

と答えています。「腹のいえるようなこと」というのは、千年の歴史に名を残し、天下の人々を安んずるような大きな夢の実現を言っているわけで、人と生まれたからにはそのような大きな夢を成し遂げないでは、死んでも死に切れぬぞと覚悟を促しているのです。

㈡獄中読書に燃える志――勉学の喜び

それなら、万巻の書を読めと門人に示した松陰自身は、実際にどれほど本を読んで勉強したのでしょうか、資料《しりょう》によって調べてみましょう。

松陰は一八五四年（安政元年）三月二十七日の夜、鎖国の国禁を犯して伊豆の下田港に碇泊《ていはく》中のアメリカ軍艦に乗り込んで出国しようとして失敗し、自首《じしゅ》して捕えられ、郷里の萩にある野山獄に入れられましたが、その獄中の手記である『野山獄読書記』（全集⑪三〜七〇）によると、安政元年十月二十四日から十二月末までの約二か月に読んだ本は百六冊で、安政二年一年間で四百八十八冊、安政三年は五百五冊の多きに達しています。

松陰が読んだ本の大部分は漢文で書かれたもので、現在の本と比べて文字が大きくページ数も少ないのですが、いずれも専門書で読みごたえのあるものです。そのような本を松陰は感激しては声を上げて読み、あるときは涙を流し、あるときは喜んで躍《おど》り上がるというように心を込めて読むうえに、大事なところは抜き書きして論評を加えています。当時のことですからそれをすべて毛筆で行っているのです。このようなていねいな読み方をして、二か月で百六冊を読破《どくは》したとは、まことに驚くべきことです。

現代は何事も便利になって、大事なところはコピー（複写）機にかけてコピーをとりますが、コピーをとっただけでは内容が頭に入るわけではありません。ところが、自分で抜き書きをするとおのずから内容が頭に入ります。そのうえ、それに論評を加えれば、自分の考えが深まり思想がまとまります。注目すべきことは、このようにして松陰はたくさんの本を読みこなし、自らの人生観、価値観を創《つく》り上げていったということです。

しかし、本を読むことだけが勉強であり、学問であるというわけではありませんから、勉学についての松陰の基本的な考え方を、もっと広い面から吟味《ぎんみ》してみなければなりませんが、それは後述でまとめて取り上げることにして、ここでは松陰が獄中に幽閉されているという極めて特異な状況のもとで考察してみましょう。

松陰は諸外国の侵犯《しんぱん》に対して日本の国を守るためには、外国の事情を実地に知らねばならないとの考えから、鎖国の国禁を犯しても外国へ渡航しようとして失敗し、獄に入れられたのですが、たいていの人は失望落胆《らくたん》のあまり自分の人生はもうおしまいだと、やる気をなくしてしまうことでしょう。

ところが松陰は違うのです。身は獄に幽閉されても心の中には燃え立つような志があるのです。その志のために獄中といえども一日たりとも無駄《むだ》にはできない、勉強するのだ、と考えるのです。獄中でできる勉強といえば本を読むことしかありませんから、一所懸命《いっしょけんめい》に本を読んだのでした。一所懸命の読み方として、松陰は抜き書きをして論評を加えたことを前述しましたが、その抜き書きが松陰を祀《まつ》った萩の松陰神社に保存されていて、もしそれを印刷すると一冊五百ページほどの大部《たいぶ》の本が四冊になるとのことです。よくもまあそれほど大量の抜き書きができたものだと驚くとともに、その並々ならぬ努力に敬服せずにはおれません。ついでに申しますと、松陰が二十九歳の短い生涯で書き残した著作や論稿《ろんこう》や手紙などをまとめたものが、『吉田松陰全集』として岩波書店から出版されていますが、それは一冊五百ページほどの大部な本が十冊になっています。幕末激動の時代を生き、波乱に富んだ短い生涯でこれほど大量の著述を残したとは、まさに大きな驚きであります。

これほどまでに彼を突き動かしたものはいったいなんであったのでしょうか。それは、彼の胸の中に燃え立っていた大きな志であったのではないでしょうか。この燃え立つ大きな志のゆえに、彼は一所懸命の読書、勉学を少しも苦痛に感ずることなく、むしろ心の内から湧き上がる喜びに満たされて励んでいたのでした。

その心境を松陰は次のように述べています。

「朝起きてより夜寝ぬるまで、兀々孜々《こつこつしし》として且《か》つ読み且つ抄《しょう》し、或《あるい》は感じて泣き、或は喜びて躍り、自ら已《や》むこと能《あた》はず。此《こ》の楽しみ中々他に比較すべきものあるを覚えず」（全集③二九六～二九七、講孟余話《こうもうよわ》）

「朝起きてから夜寝るまで、一心に努め励んで読んだり抜き書きをしたりして、あるときは感動して泣き、あるときは喜んで躍り上ったりすることがやめられない。この楽しみは他に比べられるものがあるとは思えない」

懸命の勉学さえも無類の楽しみと化するほどに燃え立つ胸の中の大きな志、それはなんだったのでしょうか。見てまいりましょう。

(三)幼くして吉田家を継ぐ――兵学の家

吉田松陰は一八三〇年(天保元年)八月四日、現在の山口県萩市の郊外、当時の松本村に、父は杉百合之助《すぎゆりのすけ》、母は滝《たき》の次男として生まれました。松陰というのはその号で、通称は初め虎之助《とらのすけ》、後に寅次郎《とらじろう》といいました。父杉百合之助は毛利《もうり》藩に仕える武士で、禄高《ろくだか》は二十六石《こく》といいますから上中下に分けると下《げ》士《し》でしょう。役目は記録所御次番役《おつぎばんやく》、呉服方《ごふくかた》を経て百人中間頭《ちゅうげんかしら》兼盗賊改方《とうぞくあらためかた》という警察署長のような役に就いていました。松陰が生まれたころの杉家には松陰の兄梅太郎と祖母のほか、父の弟つまり松陰の叔父《おじ》の吉田大助《だいすけ》と玉木文之進《たまきぶんのしん》の二人も一緒に住んでいました。叔父の二人は他家を継《つ》いでいるので姓は異なっていますが、同居しているので松陰の人生に大きな影響を与えました。吉田大助は一八三五年（天保六年）、松陰が五歳のときに病気で亡くなったので、松陰がその吉田家を継ぐことになり、松陰の人生に決定的な影響を与えたのでした。

松陰が継いだ吉田家というのは、初代の友之允重矩《とものすけしげのり》以来、代々山鹿流《やまがりゅう》兵学をもって毛利藩主に仕える家柄で、吉田大助は五十七石六斗の禄高で上士《じょうし》に属していました。松陰はこの禄高を受け継いで吉田家八代目の当主《とうしゅ》になったわけです。当時は職業を家柄によって世襲《せしゅう》するという身分制度のもとにありましたから、松陰は吉田家の家業である山鹿流兵学でもって毛利藩主に仕えるという先祖伝来の職業を受け継がねばならない厳しい運命を、わずか五歳の幼少の身に背負ってしまったわけです。松陰の生涯のすべてがここに始まるわけで、吉田家を継いだことがその志の原点となっていくのです。

㈣進路の方向付け――人生設計

松陰の時代のこのような身分制度や家業の世襲制度のもとでの進路の決め方と比較して、現代の教育制度における進路の決め方の特色を考えてみましょう。

現代は民主主義の世となり、自由と平等の理念のもと、自分の人生のあり方や職業は自分の自由な意志で決める建て前になっています。ですから、中学から高校、大学にかけて誰もが進路や就職について考えますが、これがなかなか難しくして思い悩むものです。現代の教育制度のもとでは、先にも述べたように、進路を決めるにはまず各教科目の勉強を通して、人類文化のどの分野に自分の興味・関心があるかを見つけ、そのうえに進路指導や実地体験によって職業や仕事についての情報を得て、それらを総合して自主的に進路の方向を選択することになるのです。

ここで大切なことは、具体的な職業を選ぶ前に進路の方向をおおまかに大枠《おおわく》で決めるということです。大枠で方向が決まれば、あとはその方向へ努力を集中して、やがて具体的な職業を選択する時期を迎えることができるでしょう。

その方向は自分で自主的に選ぶわけですが、よく考えてみると多くの場合、親の願望、家族や友人の期待、先生や先輩やマスコミの勧《すす》めなどの影響を受けています。というのは、自分で自主的に決めるといっても、まだまだ世の中のこともよくわからないし、入手できる情報も十分ではないため、実際は親や周囲の人々の助けを必要としているからなのです。ですから、進路の方向を決めるという人生の重大事にあたって、本人に対する必要な助けを親や周囲の大人《おとな》たちが、有効な形で与えることができるかどうかが問題となります。

その点で、ある意味では松陰の時代の親や大人たちは、現代に比べてやりやすかったと言えるのではないでしょうか。それは、堅固《けんご》な伝統的家族制度のもとで親や大人たちの子供に対する指導の構えがしっかりしていましたし、家業の世襲制度のもとで子供たちの人生の見通しも立てやすかったでしょうから、必要な助けを有効な形で与えてやれたことでしょう。

ところが、現代は民主主義の世の中になって、近代的家族制度による親たちの指導体制が弱まり、家族各人の自由な意志に任せられる度《ど》が増すとともに、職業の世襲制度もなくなって何になってもよいように自由選択《せんたく》の幅が拡大したので、かえって人生の方向付けに迷い悩むことになりました。

松陰はわずか五歳という幼少のときに吉田家を継ぐことによって、いやおうなしに山鹿流兵学の師範《しはん》になるという進路を決められてしまいましたが、これは現代風の考え方から見れば、個人の自主性をないがしろにした理不尽《りふじん》なやり方のように思えます。

しかし、見方を変えれば、適応性《てきおうせい》に富む幼少のころに親や周囲の人々の配慮によって進路の基本的な方向付けをしてもらうことは、本人が成長とともに自らの人生のデザインをしていくのに好都合であったのではないでしょうか。つまり、適応性に富む幼いときから進路の方向がはっきりしているから、その方向へ進むように本人も周囲の人々も力を合わせ、基礎教育から専門教育などの教育的努力を集中させることができるわけです。実際、松陰は後述のように一族門人総がかりの教育体制のもとで、まことに目を見張るようなすばらしい成長を遂げているのです。

この事実に照らして現代の自由な体制のもと、中学生、高校生及び大学生の進路選択の迷いや悩みの深刻さを見るとき、幼少のころから、遅くとも基礎教育の終わるころまでには、例えば親の職業に関心を持つとか家業を見習うとかも含めて、何か進路の方向付けや人生の大枠の目標を持たせることの有効性《ゆうこうせい》を考えずにはおれません。少なくとも何になりたいとか、どんな仕事をしたいとか、幼いときから人生のおおまかな目標や方向について、それなりの夢を持たせることが大切なのではないでしょうか。幼いときは夢も幼くてよいのです。本人の成長とともに夢も成長するものです。そして親をはじめ周囲の成人も一緒になって、その夢を温かくはぐくむように協力すると、やがて「公なるもの」への役割取得とともに、それが「志」として確立し、奮闘的生涯を生き抜く底力を得てまことに生きがいのある人生となることでしょう。

㈤一族門人総がかり――人を育てる体制

では松陰の場合、実際はどうだったのでしょうか。藩では松陰のように幼くして家業を継いだ場合は、先代の師範または先々代の師範の弟子《でし》の優秀な人が、代理教授を務め、幼い当主の後見人《こうけんにん》となって、早く一人前の師範になるように教え育てる慣習がありました。

当時の武士の一般教養とされていた中国の古典や、家業の山鹿流兵学を松陰に教えてくれたのは、叔父の玉木文之進や養父の吉田大助の門人の中の優れた人たちでした。しかし、その基礎教育は父百合之助をはじめ一族総がかりであったようです。例えば、父や叔父や兄と共に田を耕しながら、論語の一章を口ずさんで暗誦《あんしょう》をします。そして休憩のときに本を出して読み方を習って素読《そどく》をするといったありさまでした。松陰にはこの体験がよほど懐《なつ》かしく身に付いていたのでしょう。後年、松下村塾で門人たちと田の草取りをしながら講話をしましたが、門人たちはこれを楽しみにしていたそうです（全集⑫一九九、松下村塾零話《れいわ》）。

叔父の玉木文之進は松陰の優れた素質をよく見抜いて、おおいに期待し、厳しく熱心に教育しました。玉木文之進は山鹿流兵学の最高の免許を受けており、中国の古典にも通じ、藩校明倫館《めいりんかん》において代理教授を務めていました。彼は松陰と同じ杉家に同居していましたし、後に別居しても家が近かったので、松陰は兄の梅太郎と一緒に通い、時には泊まり込んで勉強をしたのでした。彼は一八四二年（天保十三年）に自宅に藩の子弟を集めて教育を始め、「松下村塾」と名づけました。この塾はその後、松陰の養家の叔父久保五郎左衛門を経て、松陰が受け継ぎました。このことは、一族の大きな期待が松陰にかかっていたことを示しています。

それでは、松陰自身はどうだったのでしょうか。松陰は幼くして吉田家を継ぐという運命のもと、周囲の大人たちの熱心な教育的配慮、ある意味では並々ならぬ重圧ともいえる強い期待を一身に受けながら、着実に成長していった様子がうかがわれます。後になって妹の児玉芳子《こだまよしこ》が次のように語っています。

「五つ六つの時分から手習いや、書物を読むのが好きで、他家の子供たちが大勢でいろいろな遊びをしていても、振り向きもせずに、ジッと書物を読んでいるという風であったそうでございます」

〈全集⑫一六八、家庭の人としての吉田松陰〉

また、ある祝日に兄梅太郎が、今日一日は勉強をやめて休息しようではないかと誘《さそ》ったところ、松陰は「いや、この一日も一生の内の一日である」と答えて勉強をやめなかった、ということを兄梅太郎が後日の手紙で語っています。

（『吉田松陰全集』十巻本の巻六、書簡四四三〈普及版にはない〉）

このようにして成長していった松陰は、一八四〇年〈天保十一年〉、十歳のときに初めて殿様である藩主毛利敬親《もうりたかちか》公の前で、家学である山鹿流兵学の書「武《ぶ》教全書《きょうぜんしょ》」の戦法篇の三戦の節の講義をしましたが、殿様は講義の出来のすばらしさに感心して、『誰が教育しているか」とお尋ねになり、お付《つ》きの者が「玉木文之進でございます」とお答えをいたしました。

十歳の子供が兵学の講義をするなどということは現代では考えられないことですが、当時では兵学師範の吉田家を継いだからには当然のことであって、玉木文之進をはじめとする後見人たちが講義の原稿を作って指導したのでした。

しかし、本人の松陰自身がその内容を十分に理解していなくてはとうてい殿様を感心させることはできなかったことでしょう。このときの講義の原稿は今日に伝わっています（全集①七九、武教全書講草）。

松陰は一八四七年（弘化四年）山鹿流兵学師範の免許を受け、翌年の嘉永元年十八歳で後見を解かれ、二十一歳で山鹿流極秘三重伝《ごくひさんじゅうでん》という奥義《おうぎ》を受けて、見事に完成された師範となったのであります。

人は成長発達の各段階において、その段階の成長発達課題を満たすことによって次の段階へと成長していくものですが、一つの段階の成長発達課題が満たされないときは、順調に次の段階へと進むことは困難になります。青少年期の成長発達課題はまさに進路の方向付けであり、職業の選択であって、われわれの問題はこの成長発達課題をいかにして満たすかにありました。そして、松陰が幼くして志を立てることによってその課題を立派に満たし、見事な成長を遂げたことを見てまいりました。引き続いて、彼の波乱に富んだ生涯を踏まえながら、その志の成長ぶりを考察いたしましょう。

二、志の成長――奮闘的求道

(一)われ独り曰く――主体性の自覚

松陰は幼くして山鹿流兵学師範の吉田家を継ぐという運命を負い、当時の身分制度と家業の世襲制度のもとでその「志」を立てたのでしたが、それは個人の自由な主体性を奪われることになったのではないでしょうか。

ここに注目すべき文章があります。その文章は一八四七年（弘化四年）松陰が十七歳のときの作で、「平田《ひらた》先生に与える書」というものです。平田先生とあるのは藩校明倫館学長の平田新右衛門《しんうえもん》のことで、松陰が漢文学の指導を受けた学者です。この文章で松陰は次のように主張しています。

「世の学者一般の風潮によると、漢詩や書画など文学的・芸術的趣味や教養が武士のたしなみとして重んじられ、それができない者は俗物《ぞくぶつ》と見なされている。しかし、某《それがし》独り曰《いわ》く（私は独り主張する）、余力があるのならそういう趣味的なことをするのもよいが、自分は力いっぱい努力しても本務の学問に時間が足りない。だから文学的・芸術的趣味はできもしないしやる気もない。そのうえ、そのような趣味に溺《おぼ》れて本来の学問を顧みなくなるおそれもある。学問はなんのためにするのかという根本の目的を忘れてはならない〈訳〉」

と言い、さらに次のように述べています。

「詩歌吟詠《しいかぎんえい》のことに至りては殊《こと》に其《そ》の余事《よじ》なり。今それ古人に貴ぶ所のものを以て日夜孜々《しし》たるも尚《な》ほ且つ及ぶべからず。豈《あ》に其の余に暇《いとま》あらんや」

（全集②二九、未焚稿《みふんこう》）

［詩歌や吟詠のことは力が余っている人のすることである。かの古《いにしえ》の聖人が貴んだ学問本来のことを、昼夜一心に努め励んでもまだ及ばない。どうして余った時間などあろうか］

この文章の冒頭で「世の学者一般」とある箇所は、原文では「父兄朋友」となっていたのを、松陰の兵学の師である香川惣右衛門《かがわそうえもん》が訂正したことから見ても、たとえ父兄朋友と意見を異にしても、自分の考えをまげないで「われ独り曰く」を貫こうとしている十七歳の松陰がここにいるのです。

人間として豊かな人間性を養うためにどのような一般教養が必要かという問題は、現在でも大問題であって大学改革でも取り上げられています。松陰はこのような意味の一般教養として、詩歌書画《しょが》の価値を認めないわけではありませんが、彼は自らの立志、すなわち人生設計《デザイン》に照らして学問・勉学のあり方を考えているのです。つまり、吉田家という山鹿流兵学の師範の家を継いで毛利の殿様に仕えるという、強烈な立志に基づいて自らの学問のあり方を考えているのです。この志の強烈さが十七歳の青年松陰のやや生硬《せいこう》な「われ独り曰く」の決意表明となっているわけです。

封建時代の身分制度にしばられて幼いころに吉田家を継ぐことになって、その運命を決められ主体性を奪われてしまったように見える松陰が、十七歳のころ、周囲から詩歌をやれとか書画をやれとか言われるのに対して、「われ独り曰く」と自分の考えをしっかり保持していったのは、まことに注目すべきことではないでしょうか。それは彼の志が定まっていたからです。もっとも松陰自身は詩文にも秀《すぐ》れた才能を持っていたので、後に大和《やまと》の著名な学者森田節斎《もりたせっさい》にその才能を見込まれて、詩文で身を立てるように勧められるほどでしたが、山鹿流兵学をもって身を立てる志を変えず、自らの人生を方向づける価値基準がしっかりと定まっていたわけです。

民主主義の社会では多数決で物事が決まりますから、多数派であることが有利です。だから皆と違った考えを持ったり、皆がするのに自分はしないというような態度、つまり松陰のいう「われ独り曰く」の態度は取りにくいものです。しかし、皆と調子を合せて自分の考えがなく多数に流される結果は、「赤信号、みんなで渡ればこわくない」という恥ずべき状態に堕落《だらく》してしまうおそれがあります。これはまさに民主主義の堕落であり、危機なのです。

真正な民主主義は、一人ひとりが自分の考えをしっかり持ったうえでの多数決でなければならないのです。それには、一人ひとりが自分の人生を賭けた立志において人生を方向付ける価値基準を、しっかりと身に付けておかねばならないのではないでしょうか。このことは、人生をデザインし、方向付けをする青少年期において特に大切なことです。その意味で松陰の青少年期の並々ならぬ勉学の精神的原動力となったその志にこそ注目すべきです。

(二)学問の志——人生の正道

松陰は一八三〇年（天保元年）八月四日に生まれ、一八五九年（安政六年）十月二十七日に処刑されて、その生涯はわずか二十九年にすぎないのですが、普通の人ならその二倍の年月をかけても、とうてい及びがたいほどの見事に充実した人生を送っています。彼の人生が充実して波瀾《はらん》に満ち光彩を放っているのは、時あたかも幕末の危機的変動のただ中にあったという時代の反映《はんえい》によるものとも見られますが、松陰自身の内面的要因によることが大きいのです。というのは、真摯《しんし》な学問による奮闘的求道《ぐどう》の姿勢が、太い柱のようにその生涯を貫《つらぬ》いているからです。そこには勉学における烈々《れつれつ》たる気迫《きはく》と崇高な志を見ることができるのです。

松陰は学問・勉学における志を大切なことと考えます。何のために学問をするのか、その志を最初からしっかり立て、覚悟して進まなくてはならないのです。もしその志の立て方が間違っていたら、学問・勉学をすればするほど正しい道からはずれていってしまいます。

「世に読書人多くして真の学者なきものは、学を為すの初め、其の志已《すで》に誤ればなり」（全集③二三、講孟余話）

［世の中に読書する人が多いのに真の学者がいないのは、学問をする最初にその志がすでに間違っているからである］

と松陰は嘆《なげ》いています。正しい志とは人間としての正しい道、つまり正しく人生を歩むための道を明らかにする学問・勉学であることを思い定めることであって、いかに読書し勉強しても正しい道を知らないなら、学問・勉学したとは言えないのです。

「井を掘るは水を得る為なり。学を講ずるは道を得るが為なり。水を得ざれば掘ること深しと言えども、井とするに足らず。道を得ざれば講ずること勤むと言えども、学とするに足らず」（全集③四一五、講孟余話）

［井戸を掘るのは水を得るためであり、学問をするのは人の生きる道を知るためである。水を得ることができなければ、どんなに深く掘っても井戸とは言えぬように、たとえどんなに勉強に励んでも、人の生きる正しい道を知ることがなければ、学問をしたとは言えない］

とも言っています。例えば、二次方程式が解けたり英語が読めたりしても、自分の人生の生き方の正しい道もわからず、生きて何をなせばよいのか人生のデザインも立たないようでは、勉学をし、学問をしたとは言えないのです。学問・勉学をして自分の人生の生き方の正しい道を知るには、全心全力を傾けて学問・勉学と取り組まねばなりません。中途半端な取り組み方では人生の道は中途半端にしかわからないものです。それは例えば鐘を撞《つ》くようなものです。大きく撞けば大きな音が出るが、小さく撞けば小さな音しか出ないのです。ですから、松陰は驚くばかりの努力をし、全力で学問・勉学に取り組んだのでした。その実際のありさまを見てみましょう。

㈢一骨折れ申すべし——奮闘的生涯

松陰は一八五一年（嘉永四年）、二十一歳で藩から江戸遊学《ゆうがく》の命を受け、三月五日、萩を出発して四月九日江戸に着き、桜田の毛利藩邸を居所として専心勉学に励むことになりました。その勉学精勤《せいきん》ぶりはまことに驚くばかりです。五月二十日付の兄梅太郎への手紙（全集⑧三〇、書簡）によると、一の日、三の日、四の日、五の日、七の日、九の日と日を定めて、安積艮斎《あさかごんさい》などの名士の講義に出席したり、家学である山鹿流兵学の宗家で研究したり、勉強会を開いたり、剣術や馬術の稽古《けいこ》もする。それに加えて月二回藩主に進講し、藩の同僚のために読書会を主宰するといった具合《ぐあい》に、月に三十回ほどの研修会合を持ち、その予習や下調べも精密でなければならず、まことに充実しきった勉学の日々を送っています。

このようにして江戸で当代一流の学者に学び修業を積むにつれて、松陰は家学である兵学の学問分野も見通せるようになり、自分の学力のほども見え、これからの行く末を考え、人生のデザインを思いめぐらすようになったのでしょう。一年や二年の江戸遊学ではどうにもならないから、遊学期間を延長してもらいたいとの思いから、この年の八月十七日付の兄梅太郎あての手紙で、このままでは「武士の一身成立《なりたち》覚束《おぼつか》なき訳《わけ》左の通り」（全集⑧六六、書簡）と次のように訴えています。

「是《こ》れ迄《まで》学問とても何一つ出来候事《そうろうこと》之れなく、僅かに字を識《し》り候迄に御座《ござ》候。夫《そ》れ故方寸錯乱《ほうすんさくらん》如何《いかに》ぞや。先《ま》づ歴史は一つも知り申さず、此れを以て大家の説を聞き候処《ところ》、本史を読まざれば成らず、通鑑《つがん》や綱目位《こうもくぐらい》にては垢《あか》ぬけ申さざる由《よし》。二十一史亦浩澣《またこうかん》なるかな。頃日《このごろ》とぼとぼ史記《しき》より始め申し候」

「これまで学問とても何一つできることなく、わずかに字を識ったまでです。ですから私の胸はかきむしられる思いです。まず歴史は一つも知りません。偉い先生方の話を聞いたところでは基本の歴史書を読まねばならない。資《し》治《ち》通鑑（宋の司馬光著の歴史書）や通鑑綱目（通鑑に基づいた注釈）ぐらいではしろうとくさいとのこと、二十一史（史記から元史にいたる歴史書）もまた膨《ぼう》大《だい》な書物です。このごろとぼとぼと最初の史記から始めました」

松陰のこの手紙はさらに続けて、

「史論類、綱鑑（歴史書、袁黄《えんこう》〈中国の明時代後期の官僚・思想家〉の撰《せん》）の初めを見候ても多きかな……」

「兵学家は戦国の情合を能々《よくよく》味《あじわ》い候事肝要と存じ奉り候。其の情合を味うは、覚書・軍書・戦記の類……」

「経学（聖人賢人の教えを研究する学問）、四書集注（『大学』、『中庸』、『論語』、『孟子《もうし》』の注釈、宋の朱熹《しゃき》著）位も一読致し候ても夫れでは行け申さず候。宋・明・清の諸家種々……」

「輿《よ》地学（地理学）も一骨《ひとほね》折れ申すべし」

「砲術学も一骨折れ申すべし」

「西洋兵学類も一骨折れ申すべし」

「本朝武器制も一骨折れ申すべし」

「文章も一骨折れ申すべし」

「諸大名譜牒《ふちょう》（諸大名の系譜事蹟などの記録）も一骨折れ申すべし」

「算術も一骨折れ申すべし」

「七書（七つの兵法書）……是も一骨折れ申すべし」

「武道の書……此れも一骨折れ申すべし」

「思い出すままに書き出したけれども何一つ手についていない。江戸にいる同郷の先輩たちは経学と兵学の両方は無理だから、経学を重点に力を集中したらよいと言うが、山鹿流兵学の家学を継いだ自分が兵学を復興することなくしてなんとしよう。身体中の骨は何本あるか知らないが十本ばかりも折れたら、猫が烏賊《イカ》を食って身体がぐにゃぐにゃになると言われているようになってしまうだろう〈訳〉」

と覚悟のほどを告白しています。

松陰が告白している「一骨折れ申すべし」の覚悟、これが大切なのです。人生のデザインを立てると取り組まねばならない勉学の課題が見えてきて、「一骨折れ申すべし」となるのです。この底力こそ学問勉学の志が生み出したものなのです。

三、志を貫く――誠心の限りを尽くす

(一)出奔事件と第二回江戸遊学

松陰は天分にも恵まれていましたが、驚くべき努力家でもあり、勉学修練に励みましたので、幼少のころから秀才ぶりを発揮し、十歳のとき藩主毛利敬親

公の前で講義をしてその出来のすばらしさに、藩主がおおいに感心したことは前に述べました。彼は藩主の親試《しんし》（藩主が各師範の講義の実際を評価）に常に見事な成功を収めて、その名声が城下に拡《ひろ》がり、十七歳で山鹿流兵学の免許を、二十一歳で山鹿流兵学の極秘三重伝という最高の免許を受け、立派な兵学師範として独立したのでした。そしてその年、一八五一年（嘉永四年）四月には藩主の特別の思《おぼ》し召《め》しと親族一同の期待を担《にな》って江戸に遊学したのでした。江戸における松陰の懸命の勉学修練ぶりについては前述したとおりです。

ところがその松陰が、とんでもない事件に巻き込まれて一大挫折《ざせつ》をすることになります。それは、彼は友人の南部藩《なんぶはん》（今の岩手県）の学者江幡五郎《えばたごろう》から仇《あだ》討《うち》の計画を打ち明けられて、今の時代に奇特《きとく》なこととしてすっかり感動し、東北旅行にもう一人の友人とともに同行を約束し、旅行の許可を藩に願い出ましたが、約束の出発の日までに藩の許可が出なかったので、約束を違えてはならぬと無許可のまま出奔《しゅっぽん》してしまったのです。一八五一年（嘉永四年）十二月十四日のことです。松陰のこの出奔事件に対する藩の処置は、「御家人召《めし》し放《はな》し」、つまり免職《めんしょく》のうえ謹慎《きんしん》ということになりました。このとき藩主の毛利公は松陰を惜しんでおおいに失望し、「国の宝を失った」と仰せられた、と松陰自身が高杉晋作への手紙（全集⑨二四六、書簡）の中で述べています。

藩主毛利公は二、三年もすれば再び藩士に取り立ててやろうとの考えがあったのでしょう、松陰の父杉百合之助に対し、松陰の十年間諸国遊学願いを出すよう内示があり、一八五三年（嘉永六年）正月、松陰は再起を期して第二回の江戸遊学の旅に出たのでした。そして大阪、大和、和泉《いずみ》、伊勢など沿道の学者十数名を訪ね、五月二十四日江戸に入り、諸国の青年志士がよく集っていた安《あ》房《わ》（今の千葉県）出身の学者鳥山新三郎《とりやましんざぶろう》の家に落ち着きました。翌二十五日には松陰の母の兄である鎌倉の瑞泉寺《ずいせんじ》の竹院《ちくいん》和尚《おしょう》を訪ね、母からことづかってきた黍《きび》の粉の土産を渡しました。この黍の粉は半年かかってはるばる萩から鎌倉まで松陰が持ち運んだわけで、和尚は心から有り難《あがた》く思ったのでしょう。「山海数千里の所拝味《はいみ》も勿体《もったい》なし」（全集⑧一七七、書簡）と喜んで、失意の松陰を励ましてくれました。

(二)アメリカ軍艦来航と下田踏海

松陰は鎌倉に数日滞在して六月一日江戸に帰り、二日は毛利藩邸に、三日は佐久間象山《さくましょうざん》へ挨拶、四日は南部藩の人を訪ねて、帰途、毛利藩邸に立ち寄ってみると、浦賀にアメリカの軍艦が来たというのでおおいに驚き、急いで佐久間象山の所へ駆けつけると、象山は防衛担当で現地へ急行したとのことです。

夕方になると警報がしきりに出て、江戸市内に不安が募《つの》ります。松陰は象山宅から帰って兵書を読んでいましたが、じっとしておられず午後八時ごろ単身浦賀へ向かいました。六月五日の午後十時ごろ現地に着き、翌六日の朝、小高い丘に登って見ると、アメリカの軍艦四隻が煙を吐き、ときどき空砲を放っています。日本側の兵は士気衰えてあわてふためくばかりです。幕府の浦賀奉行は外国人の手にかかって死ぬより切腹して死のうと、そのために寺の墓地を掃除させておくありさまに、松陰は慨嘆《がいたん》したのでした（全集⑧一七〇、書簡）。

松陰は四日ほど浦賀にいて、アメリカ軍艦の優秀な装備《そうび》に比べて貧弱な日本側の武器や、上陸してくるアメリカ兵とあわてふためく日本側の守備軍など、現地の実態を見て、わが国が容易《ようい》ならざる国難に遭っていることを痛感したのでした。そして当時、第一流洋学者の佐久間象山と相談して、兵学者としてこの困難に対処する道を考えたのでした。

それにつけても残念なことは、日本人が長い間の鎖国のため外国のことは書物でしか知り得ていないという弱点を持っていることでした。松陰はこの弱点を克服するため、ぜひとも実際に外国の実情を見てくる必要を切実に考えるようになったのでした。そのためには鎖国の国禁を犯すことになってもやむを得ない。現に土佐の漁師万次郎《まんじろう》が漂流《ひょうりゅう》してアメリカのカリフォルニア州で十一年間生活し、一八五一年（嘉永四年）正月に帰国したところ、幕府は従来の慣例を破って彼を優遇し、貴重な人材として用いているという事実がある。この事実はそのような人材の必要性を切実に示している。だから計画的に「漂流」して出国すればよい、と象山や松陰は考えたのです。

松陰は一八五三年（嘉永六年）九月十八日、ひそかにロシアの軍艦に「漂流」するため江戸を発《た》って長崎に向かいましたが、十月二十七日、長崎に着いてみればロシア軍艦はすでに出航していました。

翌年の一八五四年（安政元年）正月十四日、アメリカのペリーが軍艦七隻を率《ひき》いて再び来航したのを機に、三月二十七日夜、下田港に碇泊していたアメリカ軍艦に松陰は金子重之助《かねこじゅうのすけ》と共に乗り込みましたが、拒否されて失敗し、自首して捕えられ江戸の獄に投ぜられました。九月二十三日、国事犯として江戸を出て、十月二十四日、郷里の萩に着き、野山獄に幽閉されました。これが下田踏海《とうかい》事件です。

輝かしい名声のもと秀才の誉《ほま》れ高く、藩主からも特別の期待をかけられていた山鹿流兵学の師範の松陰が、今は浪人《ろうにん》の国事犯として獄に幽閉される身となって故郷に帰ってきたわけです。松陰本人や家族はどんな思いであったのでしょうか。

㈢獄中の勉強会――生きる限り学ぶ

下田踏海前後の事情や松陰本人の心境は、彼の著作の『幽囚録』（全集①三二九）や『二十一回猛士の説』（全集①三八九）に明らかですが、要するに彼は自分の信ずるところを行ったのであるから、なんら卑下《ひげ》することなく、むしろ昂《こう》然《ぜん》たる気概を持って獄にくだったのでした。そして獄中でも驚くべき読書勉学をした次第は前述したとおりです。

野山獄は武士の身分の者を入れる獄で、松陰を含めて十二人の囚人が入っていました。どの囚人も刑期が決まっているわけではなく、いつになったら出獄できるかわからないため、大部分の者は自暴自棄《じぼうじき》になって、でたらめな生活に陥《おちい》り、喧嘩《けんか》が絶えないといった惨憺《さんたん》たるありさまでした。ところが、松陰が入ってきて、半年ほどで地獄のような牢屋《ろうや》が一変して、教室に変わってしまったのです。というのは、松陰を先生にして囚人一同が集って、『孟子』という中国の経典《けいてん》を学ぶ会合が始まったのです。松陰による『孟子』の講義は、松陰出獄後はその幽室で続けられ、その筆記が『講孟余話』（全集③一五～五二〇）という本になって今日に伝わっています。岩波文庫本にもなっています。

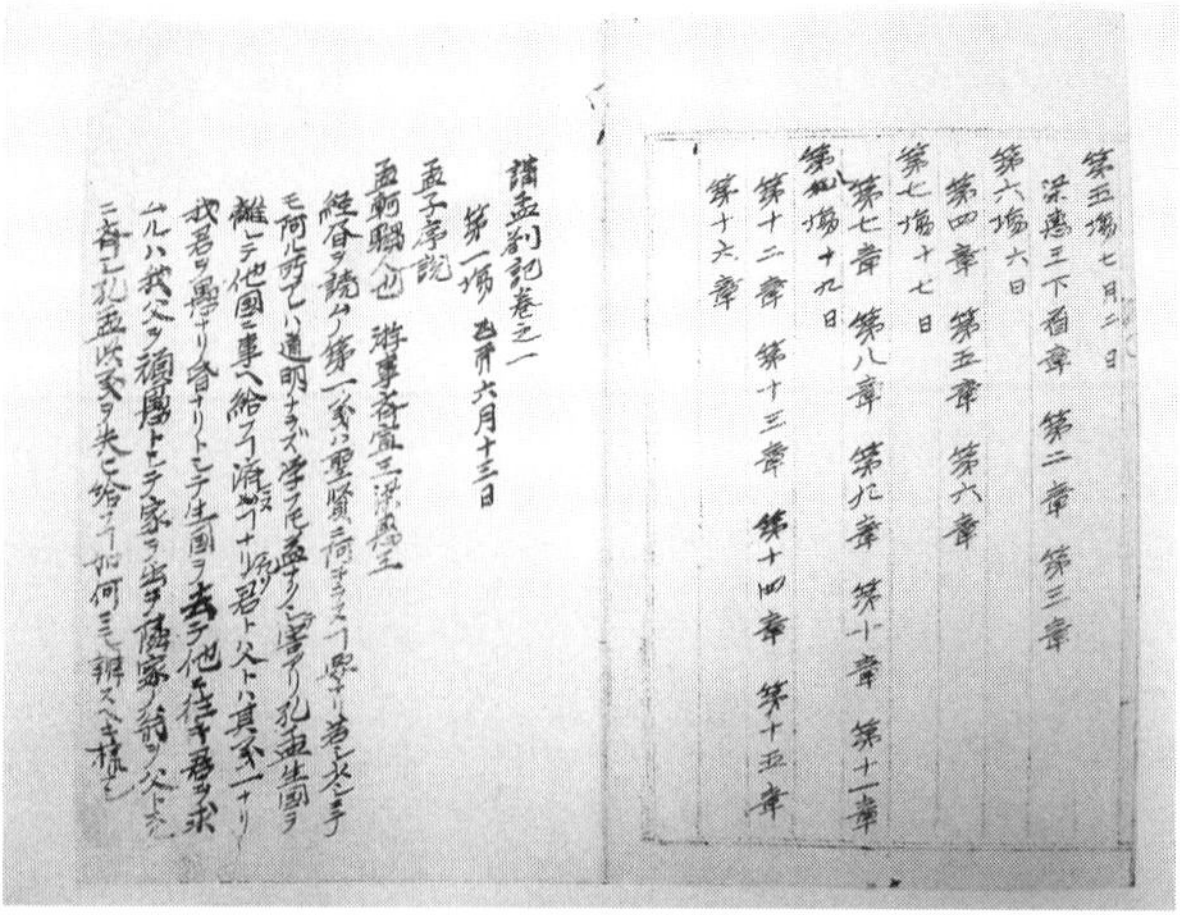
第五場 七月二日
梁恵王下首章 第二章 第三章
第六場 六日
第四章 第五章 第六章
第七場 十七日
第七章 第八章 第九章 第十章 第十一章
第八場 十九日
第十二章 第十三章 第十四章 第十五章
第十六章

講孟剳記巻之一
第一場 丙辰六月十三日
孟子序説

吉田松陰著『講孟余話』（松陰神社所蔵）

　ここで考えてほしいことがあります。

それは、牢獄に入れられて自暴自棄に陥ってでたらめな生活をしている人たちが、どうして難しい本を読んで勉強する気になったのか、という問題です。

この人たちはもはや勉強して、よい就職口を見つけようとか、名声を勝ち取ろうとかの利益を期待することができなくなってしまったことを、誰よりも切実に自覚している人たちなのです。それなのにどうして勉強する気になったのでしょう。実は松陰自身がこの問題を提起して、次のように明快に答えています。

「今且《しばら》く諸君と獄中に在りて学を講ずるの意を論ぜん。俗情を以て論ずる時は、今已に囚奴《しゅうど》となる、復《ま》た人界に接し天日を拝するの望みあることなし、講学切劘《こうがくせっぴ》して成就する所ありと雖《いえど》も何の功効《こうこう》かあらん云々《うんぬん》。是《こ》れ所謂《いわゆる》利の説なり。仁義の説に至りては然らず。人心の固有する所、事理《じり》の当然なる所、一として為さざる所なし。人と生まれて人の道を知らず。臣《しん》と生まれて臣の道を知らず。子と生まれて子の道を知らず。士と生まれて士の道を知らず。豈に恥ずべきの至りならずや。若《も》し是《こ》れを恥づる心あらば、書を読み道を学ぶの外術《ほかすべ》あることなし。已に其の数箇の道を知るに至らば、我《わ》が心に於《お》いて豈に悦《よろこ》ばしからざらんや。『朝《あした》に道を聞きて夕《ゆうべ》に死すとも可なり』と言うは是れなり」（全集③二二一、講孟余話）

「今しばらく諸君と獄中で学問をする意味を考えてみよう。通俗の考えでは、もはや囚《とら》われの奴隷《どれい》になったからには再び世の中に出たり、太陽を見る希望がなくなった。懸命に勉強して学問が出来上がったとしてもなんの利益があろうか、などと言う。これは損得本位《そんとくほんい》の考えである。道義の考え方はそうでない。人の心が生まれながら与えられている天性や事柄の真理から見て、当然なことを一つとして為《な》さないことはない。人と生まれて人の生きる正しい道を知らない。臣として、子として、また武士として、そのあり方の正しい道を知らない。なんと最大の恥ではないか。もしこれを恥じる心があるなら、書を読み、道を学ぶよりほかに方法がない。そしていくらかの道を知ることになれば心からの喜びではないだろうか。『その日の朝に人生の正しい道を知ったなら、その夕に死んでも悔《く》いはない』という孔子の言葉はこれをいうのである」

松陰の考えている学問・勉学というのは、要するに全体としての人生の学であり、人生を真に人として人らしく正しく生きる道を明らかにすることを目ざしているのです。だから、たとえ牢獄の中に囚われて二度と社会に出る望みも、晴れて太陽を仰ぐこともなくなったとはいえ、人間として一日の人生を生きるなら、その一日の人生を、誠心を持って真実の人間らしい人間として生きようではないか。そして、朝にその真実の人間として生きる道を行い、夕に牢から引き出されて首を刎《は》ねられても、その一日はそのような真実の道を知らずにうかうかと過ごす数十年に比べてなんと尊いことであろうか。それゆえ、人が真の人として生きるために学問・勉学は一日たりとも怠《おこた》ってはならないと考えるのです。

牢獄に入れられて、もはやいくら勉強をしても、よい就職口が見つかるとか、名声を勝ち取るとかの利益を期待することができないことを自覚している囚人、大深虎之允《おおふかとらのじょう》（七十六歳）在獄四十九年以下、十一名の中高齢者が松陰を先生に頂いて熱心に勉学を続けたのは、ひとえに真実の人間らしい人間として生きるために学ぼう、という松陰の考えに共鳴したからにほかならないと言えるでしょう。ここにまことの学問・勉強に努める人々の感動的な姿を見ることができます。

人はいつの時代でもこのようにまことの勉学に努める姿には感動するものですが、二〇〇四年（平成十六年）現在で八十四歳のＨさんもそのような人です（『朝日新聞』福岡夕刊、二〇〇四年七月五日付）。

Ｈさんは八十四歳で明星大学経済学部二年生に在学して楽しく勉学にいそしんでおられます。郷里の高等小学校卒業の学歴しかなかったＨさんは、発奮して七十六歳で夜間中学に入学、さらに定時制高校に進み、さらに公募制推薦入試を受けて明星大学に入学したのでした。この歳で大学に入って学ぶのは、もはやよい就職口を求めるためではなく、学業成績を誇りたいためでもなく、ただただ勉学の楽しみを味わうためなのです。そのためにHさんは体調を整え、高齢のため衰えた記憶力を補うための勉強法を工夫し、予習・復習に励み、パソコンを操作し、孫のような年代の学生たちの話相手や相談役になるなど、おおいに勉学を楽しんでおられるのです。

人は何歳になっても、どのような境遇にあっても、たとえ獄中にあっても、まことの勉学は可能であり、その勉学を楽しみ喜ぶことができるのです。

四、天性の自覚——人を育てる松下村塾

(一)家族の愛情と尊敬

将来をおおいに期待されていた松陰が鎖国の国禁を犯して国事犯として郷里の萩の野山獄に幽閉されたのですから、世間並みに考えれば家族の悲嘆《ひたん》と失望

は大きかったことでしょう。そのうえこの事件に関連して父百合之助、兄梅太郎、叔父玉木文之進の三人が藩の役職を遠慮《えんりょ》して謹慎《きんしん》を続ける事態になったのですから、この人たちの怒りもあったことと思われます。

ところが、一八五四年（安政元年）松陰入獄の日の十月二十四日ごろに獄中の松陰にあてた父百合之助の手紙は、全文わずか三行で、「㈠先に藩から交付を受けた過所《かしょ》（身分証明書）はどうなっているか。㈡用事があれば箇条書で書いてよこしなさい。㈢江戸から道中で作ったお前の詩は受け取った〈訳〉」（全集⑧二七六、書簡）とあるだけで、怒りや恨みの気持は全《まった》く出ていない見事なものです。同年十一月十八日ごろに獄中の松陰あての兄梅太郎の手紙には、「お前が起こした今回の事件については、父も叔父も怒ってはおられない。ただ私は怒っているぞ〈訳〉」（全集⑧二九五、書簡）とあります。

しかし、実際は兄梅太郎も本心で怒っていたわけではなく、こまごまと獄中の松陰の身辺の世話をしているのです。前述したように、獄中の松陰は驚くばかりの読書をし、その読書量は一か月四十冊、年間五百冊ほどにもなったのですが、それほどの多くの本を調達《ちょうたつ》して獄に届けたのは兄梅太郎ですし、母からは沐浴《もくよく》、調髪《ちょうはつ》、牢内の湿気への注意、餅《もち》や赤小豆《あずき》や刺身を送るとか、妹からは鮒《ふな》の昆布巻や梅干を送るとか、家族の心づかいの温かさが兄梅太郎の手紙を通して、今日でも伝わってきます。そこには獄中生活を送る松陰に対する愚痴《ぐち》一つない家族の深い愛情と尊敬の情がしのばれます。

(二)幽室の読書会 —— 篤学《とくがく》の家風

そのころ藩内では、松陰を野山獄に幽閉した処置は適切ではない。幕府の判決は自宅謹慎であったのではないか、との議論が起こったため、藩は病気保養という理由をつけて松陰の自宅謹慎を許すことになり、一八五五年（安政二年）

十二月十五日、松陰は父百合之助の家に帰り、三畳の一室を幽室にすることになりました。翌十六日は休んで次の十七日には、父百合之助、養家先の叔父久保五郎左衛門、兄梅太郎の三人が、松陰の幽室に集って、松陰の孟子の講義を聞いてくれています。松陰は野山獄で囚人たちを相手に『孟子』の講義を続けていたことは前述しましたが、松陰の出獄によってその講義が中絶したのを惜しんで、父や兄や叔父が聞いてやり続けさせようとしたのです。

この講義は翌年六月十三日に終了して、名著『講孟余話』として完成しました。これはまさに美しい家族愛の結晶ともいうべき著作ではないでしょうか。今の世の中に、国事犯の罪人として幽閉されている息子のところに集って、半年間も講義を聞いてくれる親や兄がいるでしょうか。免職になって高額の収入を失ったことを恨まないばかりか、その息子の教えを受けようとする家族がいるでしょうか。松陰の家族はまことに優れた家族であったと言えます。

さらに父は『孟子』の講義を聞くほかに『経済要録《けいざいようろく》』などの政治の本を定期的に読み、兄は『日本外史』などの歴史書を読み、十月ごろには母と妹や親族の女性ばかりで『武家女鑑《ぶけにょかん》』という女性の心得書を読むなど、松陰を中心とする勉強会が開かれ、幽室から一歩も外に出られない松陰を慰《なぐさ》め励ましたのでした。

㈢身分差別のない松下村塾

ここで見逃してならないのは、松陰に対する家族の慰めや励ましが勉強会という勉学の志によって貫かれていることです。この勉学の志が太い柱となって近隣の青少年を引き寄せ、勉強会がしだいに拡大されて一八五六年（安政三年）八月ごろには私塾の形をとるようになりました。これが有名な「松下村塾」になるのです。

松陰のもとに親戚でなく他人で最初に入門したのは医者の子である増野徳民《ましのとくみん》

で、医者になるため漢籍《かんせき》（中国の文献）を習いに来たのでした。次に来たのは隣家の吉田栄太郎《えいたろう》で足軽《あしがる》（雑役の歩兵）の子です。その次に来た松浦亀太郎《まつうらかめたろう》は近所の魚屋の子で、後に画家になり、号を松洞《しょうどう》といい松陰の座像を描いています。この三人はともに士族（武士の身分）ではなく、農民や職人や商人と同じ平民です。他方、中谷正亮《なかやしょうすけ》、高杉晋作、久坂玄瑞、尾寺新之丞《おでらしんのじょう》なども加わりましたが、この人たちは士族です。このように士族も平民も共に入門しているのが松下村塾でした。これは現代ではなんでもない当然のことですが、士農工商の身分制度の厳しかった当時の世の中では、極めて革新的なことであったのです。現に当時の藩校の明倫館には士族しか入学できなかったのです。しかし、農工商の平民の中にも明倫館に入って学問をするのにふさわしい人物も出てくるのですが、平民は明倫館に入れませんから、その志を遂げる場所として松下村塾に集ってきたのです。また士族の中にも明倫館の教育に飽き足りなく思う者が、やはり松陰のもとに集ってきたのでした。

一八五八年（安政五年）になると塾生も増え、三月には八畳の塾に十畳半を増築することになりました。それには、大工を一人雇って基本の構成をしてもらい、塾生たちが士族も平民も一緒になって協力し、材料を運び、壁を塗り、板を打ちつけ、屋根を葺《ふ》いて完成させました。武士の身分の者が、平民と一緒になって土をこねるなど、賤《いや》しい身分の者の仕事と考えられていたことをするのは、当時の風潮としてとても考えられないことでした。松下村塾ではそれを実行したのですから、松陰の考えがいかに革新的であったかがわかります。松下村塾でこのように武士も足軽も商人も絵師も同じように塾生として認め合い、尊敬し合って互いに協力して働く体験が、後に長州藩の奇兵隊を生み出したと言えるのです。長州征伐の幕府軍を破って明治維新へのきっかけを作った高杉晋作の率いる奇兵隊は、当時の常識であった武士だけの軍隊ではなく、平民の

松下村塾

松下村塾の講義室
（上下の写真は共に松陰神社所蔵）

相撲取《すもうと》りも商人も誰でも国家のために働こうと志す者を組織した民兵であったのです。これが明治維新を起こす起爆剤《きばくざい》の一つとなったのです。

㈣天性を尊重する――純金の純度

当時の封建社会では士農工商の身分制度が厳として守られていたのに対し、松下村塾では身分差別のない革新的な考え方が実行されていました。その根底には、松陰自身の優れた人間観とそれに基づく学問観があったことに注目しなければならないでしょう。松陰は、人はどんな人でも真実な人生を生きるために学問・勉学をすべきであるとの主張に立っていましたが、その主張は、天が各人すべてに授けた「天性」を確信し、これを尊重することに基づいていました。

「凡《およ》そ人の一身、性を天に受け徳を心に具《ぐ》す。天地の待つ所、鬼神《きしん》の依《よ》る所、それ亦《また》尊重と言うべし。而《しか》して自ら其の尊重たるを知らず、放僻邪侈《ほうへきじゃし》至《いた》らざることとなき者は、豈に自ら軽侮《けいぶ》するに非ずや」

（全集③一七七、講孟余話）

「そもそも人は一人ひとり、本性を天から授かり、心に道徳を備えられている。それは天地の神々が期待し、先祖の霊が頼みとするところであって、尊く重んずべきであるといわねばならない。自分から天性の尊く重んずべきことを忘れて、みだらででたらめの限りをつくす者は、自分自身を軽んじ侮《あなど》っているのではないか」

と松陰は訴えます。人は天が授けた尊貴《そんき》な天性を懐《いだ》いて獣《けだもの》でなく人として生きるのであるから、自らを尊しとして自重し、心に備えられた道徳にかなうように生活しなければならないと松陰は考えるのです。そして、この自覚を持つことが学問に志す根本であるとし、この自覚を失って自暴自棄《じぼうじき》に陥ることを戒《いまし》めているのです。注目すべきことに、松陰はこの天性が身分の差なく万人に等しく授けられていることを信じ、これを「真骨頭（真骨頂）」と呼んでいます（全集⑥二〇三、己未文稿）。そして、学問は各人それぞれの真骨頭を探究して自覚することであると身分の差別なく教示したのでした。

松陰はまたこの天性を純金にたとえ、人は誰でもその内面に天性の純金を含んだ金の鉱石のようだと説いています（全集③三二六、講孟余話）。人は誰でも尊ばれねばならないのは、それがただの石ころではなく内面に純金を含んだ金の鉱石だからです。だから、人がまことの人として生きるためには、わが身を精《せい》錬《れん》して私欲の不純物を取り除いて天性の純金の輝きを表さなければなりません。その精錬の道が松陰の考える人生の学としての学問であり、真骨頭を探究して自覚する学問なのです。

各人が天から授かっている純金の量は人ごとに異なっています。ある人は天分豊かに一キログラムとすれば、ある人は中程度の五百グラム、ある人は三百グラムというように異なります。

「人力には限りあり、人各々《おのおの》能あり不能あり、人性異るあるなり」

（全集⑦三六五、詩文拾遺《しぶんしゅうい》）

［人間の力には限界があり、人それぞれに能力の違いがあり、人の個性は異なる］

と松陰は言います。この違いは天が決めた生まれつきで、現代風に言えば遺伝因子によるのであるから、もともと本人の責任ではありません。だから純金の量が多いといって自慢する筋合いではないし、少ないからといって卑下する必要もないのです。大切なことはいずれも全く同じ純金であるということなのです。たとい純金の量が少なく生まれついた人であっても、その純度においてはなんら遜色《そんしょく》のない純金なのであるから、尊さはなんら変わらないのです。このことを松陰は強調したいのです。

この考え方がわかると人生は一変して気楽になるのではないでしょうか。例えば名門校の入学試験に落ちたからといって、その人の人間としての純金の価値が下がったわけではありません。ですから、たとい名門校に入れなかったけれどもその人が真骨頭を発揮して、純金の輝きを表せばその人は生きがいある幸せな人生を送ることになるでしょう。逆に不純物がたくさん混じったままで量ばかり大きくして立身出世したとしても、その人の人生は偽《いつわ》りですから、やがて破綻《はたん》をきたすことになります。ですから本当に大切なのは金の純度なのです。その純度を保証する道が松陰の言う学問なのです。人物の大小や個性、能力の違いなどは天が授けた制約なのであるから、人はその天与の制約を受容してその制約のもとに、精一杯を尽くして純金になろうと努めるのです。つまり、自分に授かった天性、天分をかけがえのない尊い持ち味としてこれを自覚し、その持ち味を卓越した状態にまで高め磨き上げてその輝きを発揮することこそ、純金になることではないでしょうか。

㈤人間味と心の温かさ――敬愛協同

松下村塾は書物による勉学だけでなくさまざまな作業もする、いわば労作《ろうさく》共同体であったことはすでに述べたとおりですが、その共同体の中では身分の高下によって人づき合いをするのでなく、士農工商を一緒にして青年と青年がぶつかり合い、互いに自分の持ち味すなわち真骨頭を磨き合う自然の交わりができていました。

塾はもともと松陰の幽室での勉強会の形で始まり、自然発生的に入門して来た者を逐次《ちくじ》個別に教えたのですから、今日の学校でいう教育課程などはありませんでした。本人の能力や関心に応じて、教科書も違えば進み具合も違う、本人しだいの一対一で教えたのでした。毎日塾に来る塾生は十二、三人から十五、六人で時間もまちまちです。朝早くから夜遅くまで次々に来る塾生を相手に、徹底して個別指導をします。時には三人、五人を一緒にして座談会や討論会をします。また作文を奨励《しょうれい》し自分の考えを漢文で書いて出させ、文字の書き方、言葉の使い方まで指導しました。

他方では、当時としては珍しく勤労労作を重視し、蚕《かいこ》を飼い、畑を耕し、米をつき、鶏《にわとり》を飼うなどもしましたし、前述したように士農工商が一緒になって塾舎の増築も成し遂げたのでした。また、時には剣道や水泳の野外演習もしました。野外演習では、下は小学生程度の者から上は大学生程度の者まで、士族、平民の区別なく年齢の差を超えて互いに協力し助け合いました。これは当時としては非常に革新的な優れた教育をしていたわけです（全集⑫一八七、松下村塾零話）。

松陰は前述のとおり、亡命の罪によって一八五二年（嘉永五年）以降は浪人となったために収入はなく、松下村塾でも月謝などは定めてなかったので、生活費は父百合之助の負担《ふたん》になっていたと考えられます。それに加えて塾にかかわる出費があったことでしょう。現に多いときには九人も寄宿していたうえに、食事の時間になると塾生に食事まで出していました。「弁当を持ってこない塾生が食事の時間になって自宅へ帰ろうとすると、勉強を中途でやめさせないで必ず終わりまで完了させ、杉家（松陰の実家）の台所から飯びつに飯を入れて持ってこさせて師弟ともに食う。菜は沢庵漬《たくわんずけ》ぐらいなり〈訳〉」と塾生であった渡辺蒿蔵が回顧《かいこ》しています（全集⑫二〇一、渡辺蒿蔵談話）。

このように松下村塾では、松陰が同居していた杉家一族の温かい家族的な愛情に包まれ、士農工商が一緒になって互いに同じ塾生として認め合う敬愛協同《けいあいきょうどう》の気風が特色となっていました。このことは松陰自身が大切に考えていたところです。

「之れを要するに学の功たる、気類《きるい》先づ接し義理従って融《とお》る。区々《くく》たる礼法規則の能《よ》く及ぶ所に非ざるなり」（全集⑤一七五、戊午幽室文稿《ぼごゆうしつぶんこう》）。

［要するに、学の効果としては気持ちや意志がまず通じ合い、次に道理や道徳を理解するのである。こまごました礼法や規則のとうてい及ばないところである］

と松陰は言うのです。礼法や規則は外側から人を制約するものであるから、それよりも自然に気持ちや意志の通じ合う敬愛協同の気風の中で切磋琢磨《せっさたくま》して、道理や道徳を身に付けさせるのが学問の道としてははるかに優れているのです。それはまた敬愛協同の気風の中で反省自覚して道を悟ることを期待する松陰の心の温かさを表しているとも言えるのです。

「不中不才《ふちゅうふさい》の人を縄にて縛《しば》り杖にて策《むち》うち、一朝一夕に中ならしめ才ならしめんとには非ず。仁義道徳の中に沐浴させて、覚えず知らず善に移《うつ》り悪に遠ざかり、旧染《きゅうせん》の汚《けがれ》自《おのずか》ら化するを待つことなり」（全集③二〇五、講孟余話）。

「中庸の徳や才能を持たぬ人を縄でしばり、杖で打って強制して、短時間に道徳や才能を身に付けさせようとするのではない。仁義道徳の環境の中に身体丸ごと漬《つ》けさせて、知らず知らず善に移り悪に遠ざかって、古い悪習が自然とよくなるのを待つことである」

松陰は、天が各人に授けた天性を信じていましたから、本人が自分の天性の尊貴さに目覚めて反省自覚するのを待つ、それがまことの学問、勉学の道であるとするのです。

㈥気迫とおだやかさ――大勇気

一八五八年（安政五年）十二月、松陰は藩命によって再び野山獄に入れられ、翌年五月二十五日、獄を出て江戸へ送られ、十月二十七日、江戸伝馬町の獄で処刑されました。野山獄に入っていた安政六年二月下旬の諸友あての手紙で、風雲急を告げる時勢のもと血気にはやる塾生たちを戒めています（全集⑨二六三、書簡）。その大要は次のとおりです。

「常日ごろ口数の多い人間は、いざというときには必ず黙ってしまう。常日ごろ威勢よくしている人間は、いざというときには腰抜けになる。同志の佐世《させ》八十郎《やそろう》の長崎遊学の壮行会では、君たちは剣を抜いて気勢をあげたとのこと。また高杉晋作は江戸の町の中で吠《ほ》えかかる犬を一刀両断《いっとうりょうだん》にしたとのこと。これらのことで君たちの気迫が衰えてしまったことがわかる。私は今死生の迷いは頭から去ってしまった。断頭台《だんとうだい》に立つときには顔色も変わらないであろう。しかし平常はものを言うにもおだやかな女性のようにしている。これが気迫の源泉である。言葉や行いを謹《つつ》しみわかりやすく落ち着いた低い声でなくては大気迫は出るものではない……〈訳〉」

当時の志士たちの中には、命がけで国事に奔走《ほんそう》しているのであるから、多少の行き過ぎがあっても咎《とが》められないと考えて、粗暴《そぼう》な振る舞いに及ぶ者が少なくなかったのですが、松陰はそれを厳しく戒めたのです。常日ごろは穏やかに優しく礼儀正しく自制して、内面に豊かな精神的貯《たくわ》えのある人こそ、いざというときに大気迫を発揮できるものなのです。見るからに荒々しい服装をして、わざと粗暴な振る舞いをして見せる当世風の「突っ張り族」などは、松陰によればもっとも気迫の衰えた情けない連中だということでしょう。

五、人生の学 —— 修身・平天下の道

松陰の学問・勉学への志と勉学の実態については、これまでの各章で見てき

ましたので、ここで松陰の学問・勉学の基本的な考え方についてまとめてみましょう。

㈠名利の学を否定する

松陰は名誉や利益を求める学問を嫌いました。学問や勉学というものはもともと真理を探究したり、人が生きる正しい道を知ろうとするものであって、最初から有名人になったり、よい就職口にありついたり、なんらかの現実的《げんじつてき》な利益を得ようとするものではありません。しかし、真理を探究し、人生の正しい道を知ろうと真面目に努力する学問は、その人の心を尊貴にいたしますから、その結果として、人の尊敬を受け、就職などの利益に恵まれることは、世の中が曲っていない限り十分にありうることです。もしかりに人から認められず名誉や就職などの利益にあずからなくても、それを目的として学問をしたのではないのですから、別に不満を抱いたり絶望して自暴自棄に陥ったりはしないのです。これがまことの学問の志であると松陰は考えていました。彼は当時の人々の志のあり方を次のように慨嘆しています。

「然れども今の士大夫、学を勤《つと》むる者、若《も》し其の志を論ぜば、名を得んが為めと官を得んが為めとに過ぎず。然れば功効《こうこう》を主とする者にして、殆《ほと》んど義理を主とする者と異なり。思はざるべけんや」（全集③二三、講孟余話）

［しかし、今の武士たちの学問に努める者は、もしその志を論じるならば、名声を得るためと官職に就きたいためとにすぎない。だから利益を求めることを主として、真理・道徳を主とする者とは、ほとんど異なっている。これは問題である］

そして当時の武士の師弟が藩の大学ともいえる明倫館の学生となっても、官職に就きたがり、ひとたび官職に就くや出世を競い学問を捨てるありさまを述

べて、

「文武の出精《しゅっせい》、明倫館の皆勤《かいきん》は忽《たちま》ちに廃絶《はいぜつ》し、権門勢家《けんもんせいか》に奔競《ほんきょう》すること奔《ほん》波《は》の如き是れなり」（全集③三一六、講孟余話）

［文科の学問や武道に精を出したり、明倫館に皆勤することはすぐやめて、権勢家にへつらうことは波が競って押し寄せるようである］

と批判しています。そしてさらに、

「初一念名利の為めに初めたる学問は、進めば進む程其の弊著《へいあら》はれ、博学《はくがく》宏詞《こうし》を以って是を粉飾《ふんしょく》すと言へども、ついに是を掩《おお》うこと能《あた》はず。大事に臨《のぞ》み進退據《よりどころ》を失い、節義を缺《か》き勢利に屈し、醜態《しゅうたい》言うに忍びざるに至る」（全集③一六一、講孟余話）

［初一念が名声や利益のために始めた学問は、進めば進むほどその弊害が表れ、広い知識や言葉で飾ってもついにその害を包みかくすことができな

い。人生の大事な場面でどうしてよいか拠《よ》りどころを失い、節操を欠き正しい道をはずれて権勢や利益に屈服し、その醜《みにく》いありさまはとても言い表しえないほどである」

と慨嘆しています。

この松陰の慨嘆は現在の日本にも当てはまるのではないでしょうか。大学入試合格を目的に受験勉強した学生が、入学した大学で勉学の意欲を失ってしまったり、知的エリートであるはずの新興宗教の幹部たちが恐るべき犯罪を重ねたり、高級官僚や議員の収賄《しゅうわい》事件が後を絶たないなどの世相を思うとき、松陰のこの言葉はまことにずっしりと胸に響くものがあります。

㈡世の評判に流されず

このように松陰は名利の欲に駆《か》られる学問を否定しましたが、自身も利にさとい人ではなく、名声を厭《いと》うふうがありました。前述したように松陰は、一八五一年（嘉永四年）四月、二十一歳で江戸に遊学して同藩士中第一の英才として認められ、おおいに将来を期待されました。家学である山鹿流兵学の本家である山鹿素水《そすい》も、松陰の優秀な才能を認めてその著書の序文を頼むほどで、その名声は郷里の萩にまで伝わって噂《うわさ》になるありさまでした。松陰はこのありさまに心を騒がせ兄梅太郎に手紙を送って、噂が大げさになって事実を過ぎて評判になることを恥じると訴えて、次のように言っています。

「素《もと》より大丈夫志を立てて己れを行う、志を得るも驚かず、戹《わざわい》して而《しか》も憂えざるもの、豈に区々一毀誉《きよ》の間に念を措《お》かんや。然れども声聞《せいぶん》情に過ぐるは君子のはづるところ、暴《にわ》かに大名を得るは、古人此れを不祥《ふしょう》と申し候えば、矩方《のりかた》が憂懼《ゆうく》御垂察《ごすいさつ》万々頼み奉り候」（全集⑧八五、書簡）

「もともと男子たる者が志を立てて自分の信ずるところを行うのに、志を遂げることがあっても驚かず、うまくいかなくても落ち込まない。どうして一つひとつの誉《ほ》めたり毀《そし》ったりを気にすることがあろうか。評判が実情を過ぎて大げさになるのは、有徳者の恥とするところであって、にわかに大評判になるのは昔の人も喜ばしいことではないと言っておりますので、矩方（松陰の名前）の心配をどうぞ御推察くださいますようお頼みいたします」

松陰は、自分が一所懸命に勉学に励んでいるのは、名利の欲に駆られ、名声を得ようとしているとは思われたくない。ただひたすら真実に生きる道を求め真実の学問を志しているのであると、兄梅太郎に訴えたかったのでしょう。

彼はさらに、世間の評判などあてにならないもので、そんなものを気にしてはならないと、次のように言っています。

「世間の毀誉は大抵《たいてい》其の実を得ざるものなり。然るに毀《そしり》を懼《おそ》れ誉《ほまれ》を求むるの心あらば、心を用うる所皆外面にありて実事日に薄し。故に君子の務めは己れを修《おさ》め実を尽すにあり」（全集③一九二、講孟余話）

「世の中の毀りや誉れというものは、たいてい事実にたがうものである。それなのに毀りをおそれ誉れを求める心があれば、心を用うるところ皆外面のこととなって、真実味が日に薄くなる。だから有徳者の務めは自分の修養に努め、心の真実を尽くすことである」

マスコミの波に乗せられて世の評判となり、一時、おおいにもてはやされて得意になったかと思うと、間もなく見捨てられて消えてしまう世の評判のはかなさ。それは名利の欲に駆られ、世の評判に躍《おど》らされる者の陥るはかなさで、松陰の最も嫌ったものでした。それは松陰の言うまことの学問・勉学の志とは全く無縁のものなのです。

㈢欲を薄《うす》くする

松陰は学問の志において、名利の欲に駆られ、世評に流されることを批判しました。しかし、人生の中でも青春期は多情多感、欲望の盛んな時期であって、ある意味ではそれが活動のエネルギーとなっている面も見逃すことができません。それで、ただに名利の欲だけでなく人生のさまざまな欲について人はどう対処すべきかが問題となります。松陰もこの問題について自分の考え方を整理する必要を感じたのでしょう。一八四七年（弘化四年）十七歳のときに『寡欲《かよく》録《ろく》』という随筆を著しています。まずこの随筆を著した意図を述べて次のように書いています。

「孟子曰く『心を養うは寡欲より善きはなし』と。周子《しゅうし》曰く、『これを寡《すくな》くして以て無に至る』と。孟・周の言、学者に於て尤《もっと》も切なりと為す。故に余因《よ》って物欲の陥り易《やす》くして悔い難きものを雑録《ざつちく》して自ら勉む」

（全集②二四、未焚稿）

［孟子（中国の戦国時代の思想家。孔子の教えを伝えた）言う、『心を修養するには欲望を少なくするのがいちばんよい方法である』と。周子（中国北宋の学者）言う、『欲望を少なくして無欲の境地に至る』と、孟子や周子の言葉は学問する者にとってもっとも適切である。だから私は物欲の陥りやすくして悔い改めにくいものを記録して、自分で努力することにした］

このような意図のもとに彼がまず問題にしたのは、詩文書画や淫声《いんせい》（みだらな音楽）美色（美しい女性）に耽《ふけ》って趣味的生活に逃避《とうひ》もしくは堕落することでした。さらに自分を風流人《ふうりゅうじん》として高く留まって、実社会のことに奔走する人を俗物《ぞくぶつ》と見下《みくだ》す傲慢《ごうまん》な生活態度に人間性の堕落を見て取っています。そのうえで学問に志す者はこのような欲を自制し、自分の職務に力を尽くして世の役に立つことと、主君に仕えて生命を惜しまないように、一心不乱に勉学に励むべきである、と自分自身に言い聞かせています。

もっとも詩文書画の欲については、後に野山獄に入ってから考えを改め、人情・思慮のあるところ詩文のあるのは自然の勢いであって、道義にはずれるわけでもないから必ずしも物欲として憎まなくてもよい、と考えるようになりました。そして自分の寡欲の説は変じて薄欲《はくよく》となる、薄というのは深く心に留めない、ということであると言っています（全集③四九六、講孟余話）。深く心に留めないとは、そのために自分を見失わないということができるでしょう。

このように考えを改めたとき、彼は二十五歳になっていました。それだけ彼の人間性が成熟したことを示していると言えましょう。

㈣見せびらかしとおもねりを戒める

自分を見失わないということに関連して松陰が戒める態度が二つあります。

その一つは、見せびらかしです。当時の学問は儒学《じゅがく》が中心でもっぱら中国の文献を研究していました。その結果、中国の文献に詳しく通ずることを誇りとしてこれを見せびらかし、博識《はくしき》を売り物にする誘惑に陥るおそれがあります。

「博聞《はくぶん》強記、人の顧問に備はるのみ。而して是れ学者の通患《つうかん》なり」

（全集③一九三、講孟余話）

［もの知りでよく記憶し、人に答える辞書のような学者になり果てる。これは世の学者の一般的なわずらいである］

と松陰は歎いています。こうなると学者は死んだ知識を見せびらかすだけで、現実の問題に取り組んでこれを解決していく問題解決の生きた力を失ってしまうのです。

松陰が戒めるもう一つの態度は、外国かぶれになって中国の聖人や賢人におもねることです。それは、中国の文献の研究をするうちに聖人といわれる孔子や、賢人といわれる孟子の教えは、中国のその時代の人々のために説いたものであることを忘れ、時代も異なり国柄《くにがら》も異なるわが国にそのままあてはめようとする外国かぶれに陥ってしまうことへの戒めです。そこで松陰は次のように警告します。

「経書を読むの第一義は、聖賢《せいけん》に阿《おもね》らぬこと要なり。若し少しにても阿る所あれば道明らかならず、学ぶとも益なくして害あり」

（全集③一八、講孟余話）

［経書（聖人や賢人の言行を記した書）を読むにあたって、第一に大事なことは、聖人や賢人にへつらわぬことである。もし少しでもへつらうところがあれば真理の道が明らかにならず、学んでも益がなく害がある］

例えば、孔子や孟子が自分の国を出て他国の君主に仕えたのは、自分の父が愚かであるといって家を出て他家の翁《おきな》を父とするようなもので、わが国の道徳には適合しないことは弁解《べんかい》の余地がないにもかかわらず、むやみに聖人や賢人を有り難がって、中国の道をそのままわが国にあてはめようとする卑屈な態度を松陰は批判するのです。

㈤実学的態度を重んずる

松陰は理屈に走って実情に疎い観念論をきらい、学問・勉学においても実践をふまえて実務を処理する才能を身につける実材実能《じつざいじつのう》〈全集⑤三四一、戊午幽室文稿〈学校を論ず〉〉を重んじました。そして松下村塾では勤労労作を取り入れ、塾生は士族も平民も一緒になって、蚕を飼い、畑を耕し、米をつき、鶏を飼うなど、労作共同体を形成していたことは前述しましたが、松陰はさらに進んで学校に付設した作業場を持つ新しい学校をつくり、実材実能の人を養成する計画を立てています〈全集⑤三三九、戊午幽室文稿〈学校を論ず〉〉。

ところでこの実材実能の人を養成する学校論の根底には、松陰の学問の考え方、特に道徳教育の考え方があることを見逃してはならないでしょう。

松陰は当時の学者の多くが道徳を抽象的《ちゅうしょうてき》、観念的に考えて、人生の実際面の生産活動や文化活動の諸能力と切り離し、才能と道徳とを分離し、甚《はなは》だしくは才能をもって道徳に対するものとなして、「迂闊《うかつ》事情に通ぜざるの愚物《ぐぶつ》を指して徳とする」（全集③四三〇、講孟余話）過《あやま》ちを批判し、才能と道徳が一体となった人材、実徳実材《じっとくじつざい》（全集③四三〇、講孟余話）の養成を主張しているのです。つまり道徳は人生の実生活である勤労労作活動や文化活動から遊離《ゆうり》してあるのではなく、これら諸活動において働くさまざまな能力才能を統合する生命原理であるとするのです。才能と道徳とが一体となった実徳実材の養成の理念と実践は、職業による身分差別である士農工商の身分制度を超克《ちょうこく》して、松下村塾を当時としては全く革新的な敬愛協同体としたのでした。

(六)万民を安んずる俊傑の学

「凡そ空理を玩び実事を忽《ゆるが》せにするは学者の通病《つうへい》なり」（全集③二三一、講孟余話）

［そもそもむなしい理屈をもてあそび、実践をいい加減にするのは、学者一般の欠点である］

これは松陰が当時の学者を批判した厳しい言葉です。松陰の学問は人生を全うする道理を探究するのですが、それは単に道理を探究するにとどまるのではなく、探究の結果が実地に活きて働いて人生を豊かにするものでなくてはならないと考えていました。すなわち、学問の結果を及ぼして身を修《おさ》め、家を斉《ととの》え、国を治め、天下を太平にすることに役立つのでなくてはならないのです。つまり学問をすれば道徳にかなうように身を修めることができ、身が修まると家族が睦《むつ》み合《あ》うように家が整い、家が整ってくると国がよく治まり、国々がよく治まると全世界が太平になってすべての人が安心して暮せるようになる。

学問はなんのためにするかと言えば、このようにまず自分の身を修めることから始めて、その効果を家、国、全世界に及ぼして、すべての人が安心して生活ができるようにするためであると考えるのです。有名校に進学して一流の会社に就職する目的で勉学するのも悪くはないが、いかにも志が小さいと言わねばなりません。志が小さくて与えられた事務をこなすだけの小役人や、字句の詮索《せんさく》に明け暮れて時代の急務が見えない偽《にせ》学者の学問に成り下がってはいけないのです。

志を大きく国や全世界に拡《ひろ》げてまさに「俊傑《しゅんけつ》の学」であれと松陰は次のように説いています。

「因って密《ひそ》かに俊傑の学如何《いかん》と求むるに、簡《かん》にして要《よう》を得るにあり。国体を明らかにし、時勢を察し、士心を養い、民生を遂げ、古今明主賢相の事蹟を審《つまびら》かにし、万国治乱興亡の機関を洞《あきら》かにする等の数件事を主本とし、力を竭《つく》して万巻の書を羅網《らもう》せば、儒生俗吏の二弊を脱却すべし」

（全集⑧一〇二、書簡）

［そこで心の中で俊傑（すぐれて抜きん出た人）を志す学問はいかにと探究してみると、学問の要点をつかむことにある。すなわち日本の国柄を明らかにし、時代のすう勢をみきわめ、武士の精神を養い、人々の生活を安らかにし、歴史上の秀れた君主や宰相《さいしょう》の事蹟を調べ、世界の国々がよく治まったり乱れたりの仕組みを明らかにするなどを基本として全力で一万巻の本を読破したら、つまらぬ学者や小役人になることを免《まぬが》れるであろう］

学問・勉学の志が小さいと人物も小さく出来上がり、学問・勉学の志が大きいと、したがって人物も大きく出来上がるものです。青少年は志を大きく持って世界人類のために役立ちたいとの大きな夢を抱いて俊傑の学を目ざしてほしいものです。

志を大きく持って世界人類のために俊傑の学を目ざすといっても、順序を飛び越して一足飛びに世界人類と直接かかわって何かをするわけではありません。学問は順序が大切で、まず自分自身を修めることから始め、自分自身の中身をしっかり充実させなければなりません。自分自身の中身が充実するにつれて世界人類への道もおのずから通ずるようになるものだ、と松陰は次のように説いています。

「性とは人の生まれ付持《つき》出しなり、所謂《いわゆる》仁義礼智の性なり。この性は善にして悪なきものにて、聖人も我れと同じき者なり。人此の様の性を具《そな》うると言うことを真に落着する時は、性中天下の善皆備わることを知る。故に天下の理、悉《ことごと》く吾が物となるなり」（全集③三六九、講孟余話）

［性というのは生まれつき天から授かっている天性のことで、その人の持ち味のことである。それは、人間特有の道徳を中心とする理性であって、生まれつき善であって悪がなく、聖人も自分と同じである。人がもしこのような天性を授かってわが身に備っていることを心の底から悟るなら、天性の中に天下の善がみな備わっていることがわかる。だから天下の理法はことごとく自分のものとなる］

松陰は、どんな人にもすべて天から授かっている天性があることを信じていました。その天性は聖人もわれわれも同じでもともと善であるから、人がもしこの尊い天性を真心から信じてその善なることを悟り、これに従うならその中に天下の善はみな備わっている。だから天性に従って誠心を発揮するなら、その中で世界に通ずる道徳をわがものとしてこれを行うことができる、と松陰は言うのです。先に自分自身の中身をしっかり充実すると言ったのは、このことを言ったのです。天下万民《てんかばんみん》を安らかにする大きな志の俊傑の学は、天性を信じ自らを充実する足下《あしもと》の実践から始まるという松陰の指摘は、まことに注目すべきことではないでしょうか。

㈦道徳の基本

最後に、松下村塾の塾生たちの指針となった有名な『士規七則《しきしちそく》』（全集④一九、野山獄文稿）について考察し、全編の結びといたしましょう。

学問・勉学は、人それぞれが天から授かっている天性を探究してこれを尊び、その道義を明らかにして人生を真実に生きることであるとする松陰は、常に自らの内面の道徳心を充実することに努めました。彼がその考えを野山獄中でまとめた著作が『士規七則』です。『士規七則』は、一八五五年（安政二年）正月に叔父の玉木文之進の長男彦介《ひこすけ》が元服《げんぷく》を迎えたのに対して贈ったもので、後に松下村塾の塾生たちへの指針となったものです。

「士規」とは武士のきまりということですが、松陰の考えでは、当時の士農工商の身分の区別を超えて、足軽の子であろうと百姓の子であろうと、人としての心の持ち方においては等しく士、つまり武士でなければならないと考えていましたので、「士規」は武士だけでなく広く人間としての基本的な道徳のきまりとして、松下村塾の塾生への指針とされたのです。

「七則」とありますから七か条から成り立っていますが、その内容を要約してみると、第一則は、

「凡そ生まれて人たらば、宜《よろ》しく人の禽獣《きんじゅう》に異なる所以《ゆえん》を知るべし」

［そもそも人と生まれたからには、人が鳥や獣と異なるわけを知るべきである」

人と生まれたからには、真実の人間らしい人間であれというのです。真実の

人間である基本は、鳥や獣と違って道徳を身に付けることです。人にも鳥や獣と同様の本能や欲求がありますが、それを本能や欲求のあるがままに満たして生きるのは、犬猫と同様の獣のレベルまで堕落することになります。

真実の人間らしい生き方は、その欲求を理性でコントロールして、自らの人生を全《まっと》うし、万人に認められるような美しい形にして満たす道を求めて、それに従うものです。その道が道徳であって人間だけにあるものなのです。

近ごろのある人たちは、民主主義の人間中心の考え方について、あらゆる欲求をありのまま満たすのが解放された自由な人間であるとするようですが、これは自由のはき違いも甚《はなは》だしいもので、人を犬猫同様の獣のレベルに堕落させ、その人の人生を破滅させることになるでしょう。まことの自由は理性に従い理性と一体となることによって、獣のように本能の欲求のままに束縛《そくばく》された状態から解き放たれるところにあるものなのです。理性に従い理性と一体となるとは、松陰のいう天性に従い、その道徳性を身に付けることにほかならないのです。

道徳は何か堅苦しいものではなく、生活の中で活き活きと働く生きたものですから、その働く時と場所によって実践の姿をとって徳目となります。松陰はその基本の徳目として五倫を挙げています。五倫とは、「親子の間の親《しん》」「君臣の間の義《ぎ》」「夫婦の間の別《べつ》」「長幼《ちょうよう》の間の序《じょ》」「朋友の間の信《しん》」の五つの人間関係とそれぞれにおける主たる道徳を指しています。これを現代風に解釈すれば、親子の間では親愛、為政者《いせいしゃ》と民衆の間では正義、夫と妻の間では役割分担、年長者と年少者の間では相互扶助《ふじょ》、友達の間では信義の五つとなります。

第二則は、日本人は日本人らしくあれ、という内容です。

「凡そ皇国《こうこく》に生まれては、宜しく吾が宇内《うだい》に尊き所以を知るべし」

「そもそも天皇のおわします日本の国に生まれたからには、わが国が世界中でかけがえのない尊い国であるわけを知るべきである」

ここで松陰が「尊い」と言っていることに注目すべきでしょう。尊いというのは他と比べて優れているというのではありません。必ずしも他と比べて優れているわけではないが、それ自体この世にはまたとないかけがえのないもので、だからこそ、それを守るためには生命を賭けてもよいと思うほど尊いものなのです。同様に尊いものに自分の家族があります。他家と比べて見ればいろいろ劣る点があって、必ずしも優れているわけではないが、それは自分にとって世の中にまたとないかけがえのないもので、その家族を守るためには生命を賭けても惜しくないほど尊いものなのです。日本人であるということは、日本の国が自分にとってそのように尊いものであることを自覚することである、と松陰は言っているのです。つまり、このような自覚を持つときに、人はほんとうの日本人になるのです。そして第一則の道徳を身につけた日本人となれば、世界のどこに出しても立派に通用し、万人から敬愛されることになります。

日本人として、日本の国をかけがえのない尊い国として自覚するとき、日本の国の尊い国柄が見えてきます。それを松陰は、「君臣一体、忠孝一致」と言っています。「君臣一体」とは、天皇以下の為政者が善政を敷いてよく民を養い民と心を一体としていることをいい、「忠孝一致」とは、天皇をはじめ為政者へ誠心を尽くす「忠」と親に対して誠心を尽くす「孝」とが矛盾することなく一致することをいい、ともにわが国の国柄においてのみ成り立つすばらしい美徳であり、わが国の国柄を尊しとする所以なのです。そして、それはまた現実のわが国政情に対する課題目標となったとも言えるのではないでしょうか。

(八)三つの実践項目

第三則から第七則までは武士としての職分を果たすうえでの基本的な指針を

述べたものですが、松陰の考えでは武士以外の身分の者でもその心のあり方においては、等しく武士であるべきであるとの考え方がその根底にあります。その内容を要約すると次のとおりになります。

第三則は、正義と勇気。正義は勇気によって行われ、勇気は正義によって成長する。第四則は、質実で嘘《うそ》をつかず公明正大であれ。第五則は、読書古今の歴史に通じ聖賢に学ぶのでなければつまらない輩《やから》にすぎず、読書尚友《しょうゆう》（昔の賢人を友とする）は君子のことである。第六則は、人格を完成し才能を伸ばすにはよい師と友が有益であり、交わりを慎重にせよ。第七則は死ぬまで努力してくじけない。堅忍《けんにん》（意志固く）果決《かけつ》（思い切りがよい）であれ。

松陰は最後に以上の七則をまとめて三つの実践項目を立てています。

一、志を立てて以て万事の源となす　　立志
二、交《まじわり》を択《えら》びて以て仁義の行《おこない》を輔《たす》く　　択交《たくこう》

三、書を読みて以て聖賢の訓《おしえ》を稽《かんが》う　読書

この三項目こそ松陰の時代だけでなく、現代においても学問・勉学にいそしむ者の片時も忘れてはならない心得なのです。

六、いのちの限り道を学ぶ

(一)誠心の実験

一八五九年（安政六年）五月十四日、野山獄にあった松陰は兄梅太郎から知らされて、幕府による取り調べのため江戸へ送られることを知りました。松陰は再び故郷へ帰って来ることはあるまいと死の覚悟を決めて、父母や親族や門人たちに告別の文章、漢詩、和歌を贈っています。その中に五月十八日、小田《おだ》村伊之助《むらいいのすけ》あての感銘すべき文章があります。

「至誠にして動かざる者未《いま》だ之《こ》れあらざるなり。吾れ学問二十年、齢亦而《よわいまたじ》立《りつ》なり。然れども未だ能《よ》く斯《こ》の一語を解する能《あた》わず。今茲《ここ》に関左《かんさ》の行《こう》、願はくば身を以て之れを験《ため》さん」（全集⑪二一五、東行前日記）

『誠心を尽くせば感動しない者はいない』という孟子の有名な言葉がある。私は学問をすること二十年、齢も三十歳になったが、まだこの一語を心の底から了解することができない。今回の関東行きにあっては、全身心の力を傾《かたむ》けてこの言葉が真実であることを実験してみたい」

松陰は、数え年の三十歳になった自分の生涯を振り返り、懸命に学問を積み重ねること二十年、その間に江戸遊学、東北亡命、下田踏海と誠心を尽くして実行してきたつもりであるが、わが学問の力不足のためかいずれも意に満たない結果に陥り、誠心を尽くせば感動しない者はいないとの孟子の言葉に心の底から合点することができないでいる。このたびの江戸行きこそ取り調べの役人に対し、平素《へいそ》自分が学問し考えてきたことを、誠心の限りを尽くしてよくよく話してみよう。そうすれば幕府の役人だってわかってくれるに違いない。こうして孟子の言葉が真実であることを実験してみるつもりである、と言っているのです。つまりいのちがけで誠心の限りを尽くし、学問の総力をあげて役人に説き、幕府の政策の誤りを直させようとの意気込みを持って江戸へ向かったのでした。そして、松陰は自らの生命を賭けた至誠の実験に殉《じゅん》じて、終に死を迎えたのでした。

(二)いのちがけの学問

一八五九年（安政六年）十月二十日、刑死を覚悟した松陰は、獄中から郷里の父、叔父、家族あてに最後の手紙を書いています。

「平生《へいぜい》の学問浅薄《せんぱく》にして至誠天地を感格《かんかく》することは出来申さず、非常の変に立到《たちいた》り申し候。嘸々御愁傷《さぞさぞごしゅうしょう》も遊ばさるべく拝察仕《つかまつ》り候。

親思うこころにまさる親ごころけふの音づれ何ときくらん」

（全集⑨四八〇、書簡）

「平素の私の学問が浅く薄いため、誠心の限りを尽くしても天地の神々を感動させ幕府の役人を正すことができないで、死刑に処せられることになりました。さぞかしお嘆きお悲しみなさいますこととお察し申し上げます。

親思う私の心にもまさって御心配くださるお父様お母様、死刑という今日の知らせをなんとお聞きになることでしょうか」

迫り来る死を前にして、父母、家族への切々たる思いを込めた澄み切った心境で松陰は、誠心の限りを尽くしても幕府の役人に自分の思いが通じなかったのは、自分の学問の力不足のせいであるとしているのです。ここに、人生と学問とに対する松陰の崇高《すうこう》なほどの真摯な態度が見られ、その崇高さに襟《えり》を正さずにはおれないものがあります。

私たちはこの松陰からおおいなる感動をもって、人生と学問とに対する基本的な態度を学ぶものです。それは、人は真実に人間らしいまことの人間として生きるために、生涯を通してたゆみなく誠心を尽くして学び続けねばならないということです。

あとがき

この本の成立に関してぜひ述べておかねばならないことがあります。その一つは、私を吉田松陰へと導いてくださった恩師玖村敏雄《くむらとしお》先生のことです。先生は広島高等師範学校教授であり、後世に残る定本、岩波版『吉田松陰全集』十巻の編集という大事業を成し遂げられましたが、広島市郊外牛田の御自宅で吉田松陰読書会（牛田塾）を開いておられました。私は広島高等師範学校に続いて広島文理科大学の学生のころ、この牛田塾に通い、先生から親しく教えを受けました。

大学卒業後も先生の御指導を受け、先生が福岡教育大学学長を任期満了で御退職、そして間もなく御逝去《せいきょ》に至るまでの永年《ながねん》にわたり、先生直伝《じきでん》の御薫陶を受けたことは私の人生に決定的な意義を持っていますが、実はこの本の吉田松陰に関する内容はすべて先生から親しく御指導を受けたものなのです。先生の名著である左の二冊は今も私の座右《ざゆう》の書となっています。

『吉田松陰』（岩波書店発行、昭和十一年十二月二十日）

『吉田松陰の思想と教育』（岩波書店発行、昭和十七年二月十日）

なお、吉田松陰についてさらなる興味を抱かれる読者に対しては、吉田松陰の原文への信頼できる入門書として左記をお勧めいたします。

『脚注解説 吉田松陰撰集』（松風会〈〒七五三―〇〇七二 山口市大手町二―一八、山口教育会館内〉発行、平成八年二月十五日）

松風会は「吉田松陰を崇敬し松陰精神の普及振興を図る」財団法人です。

次に述べておかねばならないのは、畏友野辺忠郎《のべちゅうろう》校長先生のことです。

先生が校長であった学校法人廣池《ひろいけ》学園麗澤瑞浪《れいたくみずなみ》中学・高等学校に私が招か

れて、吉田松陰の学問・勉学について講演をしましたところ、生徒や先生方の間で多大な反響があり、野辺校長先生から学生、生徒、両親への教育資料にしたいから本にせよとの要請《ようせい》がありました。ところがその後私は、数年にわたって入退院を繰り返し、ついに心臓の大手術を受けるという大病に阻《はば》まれて、校長先生の要請に応えることができないまま先生は御他界なさいました。このたびこのような形で故野辺校長先生の御遺志に応えることができますならば、まことにこのうえない喜びと存じます。

この出版にあたり、いろいろ御高配を賜りました財団法人モラロジー研究所出版部久野信夫《くののぶお》氏、外池容氏《とのいけいるる》、並びに関係者の方々に厚く御礼を申し上げます。

平成十七年五月

岩橋　文吉

岩橋文吉（いわはし　ぶんきち）

大正5年（1916）12月13日、和歌山県生まれ。広島文理科大学卒業。九州大学旧制大学院修了。昭和26年(1951)国立教育研究所員、31年九州大学教育学部助教授、44年教授となる。その後、同大教育学部長、付属比較教育文化研究施設長、福岡女学院学院長、福岡女学院大学学長等を歴任。九州大学名誉教授、福岡女学院大学名誉教授。平成22年(2010)5月17日逝去。享年93歳。

著書には、『国際化時代における人間形成』『持ち味を活かす教育』などがある。

人はなぜ勉強するのか ― 千秋の人 吉田松陰

平成17年 6 月10日　初版第1刷発行
令和 3 年12月10日　第10刷発行

著　者　岩橋文吉
発　行　公益財団法人 モラロジー道徳教育財団
〒277-8654 千葉県柏市光ヶ丘2-1-1
TEL.04-7173-3155（出版部）
https://www.moralogy.jp/
発　売　学校法人 廣池学園事業部
〒277-8686 千葉県柏市光ヶ丘2-1-1
TEL.04-7173-3158
印　刷　横山印刷株式会社

ISBN978-4-89639-105-3

令和3年4月、法人名称の変更に伴い、発行を「モラロジー研究所」から「モラロジー道徳教育財団」に改めました。